え?! まだ必死で引き寄せてるの?

“逆転”の発想で
確実に秒速で
引き寄せる!

丸尾 愛

SIBAA BOOKS《シバブックス》

Contents よ！

Ch2

思考パズルのルールを知る

Ch3

ゲームで引き寄せる

Ch4

もうすでに引き寄せている

まえがき

この本を手にとって下さったあなた！

「引き寄せ」をすでにご存知の方も、初めて聞く方も、ご自身の人生の発展や好転を求めてこの本に興味を持って下さっているのではないでしょうか？

「私はあんな生活がしたい（引き寄せたい）」

「私はあれが欲しい（引き寄せたい）」

「私は愛されたい（引き寄せたい）」

「私はあんな事がしてみたい（引き寄せたい）」

「私は自分の好きな事だけして生きていきたい（引き寄せたい）」

お金やモノ、理想のパートナー、自由な生活、キャリアアップ……引き寄せたいものは人によって様々だと思います。

この本はそんなあなたがプロの引き寄せニストになるための参考書です。

プロの引き寄せニストになると、先に述べたどんな事柄でも自分で引き寄せられるという実感と自信が沸きます。

「さあ、これからプロの引き寄せニストになって思い通りの人生を歩むぞ！」と、意気揚々とされていますか？

いいですね！

ん？　そんな簡単に何でも「引き寄せ」られるなら苦労してませんって？

いいですね！

今これを読んでいるあなたが初めて「引き寄せ」について学ぼうとしていても、すでに知っているのに「引き寄せ」が上手く機能せず半信半疑でも、そもそもスピリチャルな事に懐疑的でも問題ありません。

どんな人でも笑って読み進めていけば最後にはプロの引き寄せニストになって（しまって）いるでしょう。

そもそも「引き寄せの法則」とは何なのでしょうか？

「引き寄せ」は欲しいものを「得る」法則だと思っているあなた、実はそれはちょっと違うんです。

食べ物は人間の活動に必要なエネルギー源ですが、食べたもののほとんどが排泄されますよね？　エネルギーを溜め込もうと思って、出すものを出さずに食べてばかりいたら具合が悪くなってしまいます。

また身体の調子を整えたい時、禁酒や断食をしてデトックスをしたりします。

健康のために排泄したり、デトックスしたりする事と同様に、思い通りの人生を送るためには「出す」事が必要不可欠なのです。

先に種明かしをしますが、プロの引き寄せニストになるために大事な事は「押し出しの法則」を使って理想の人生を「押し出す」事です。

でも、「押し出しの法則」ではなんだか分かりづらいので、本書では一貫して「引き寄せる」という表現を使っていきますが、皆さんは、欲しいものを引き寄せるためのキーワードは**「出す」（捨てる、失う、与える）**だと言うことを頭の片隅に置いてこの本を読み進めて下さい。

すでに「引き寄せ」を知っているのに「引き寄せ」ている実感がどうも沸かない方はこれまでに「引き寄せ」のしくみや方法を学ばれているはずですよね。

何故それ（ら）を引き寄せたいのか考えてみた事はありますか？

引き寄せたいと思ったきっかけはありましたか？

引き寄せたらどうなりますか？
誰が引き寄せるんですか？
私（あなた）って誰ですか？

……すみません、ついつい質問攻めをしてしまいました。

「引き寄せの法則」を理解しているはずなのにまだ十分に「引き寄せ」ていないと感じているあなた、この本は実はそんなあなたのためのものなのです。先の質問がヒントになりあなたは遂に引き寄せ（スピリチャル）難民から卒業する事ができるでしょう。

アマチュアのあなたにはもう会えないのかと思うと少し寂しい気もします。

一足先にプロの引き寄せニストになった私より最大の愛を込めて、励まし……いやディスりの言葉をかけさせて頂きます。

「え?!　まだ必死で引き寄せてるの？」

Chapter 1

とにかく捨てる

1 「引き寄せる意気込み」？　捨てちまえ〜！

ハロー。アタシ、キャサリンよ〜。

何よ……その冷めたリアクション。

アンタが私を呼んだんでしょ？

え、呼んでない？　お呼びでない？　こりゃまった失礼しま〜した！　っと。

いやいやこの辺に今度こそ思い通りの毎日を引き寄せるって決意したばかりの女子がいると聞いて来たんだけど……人違いかしら。

ん？　思い出した？　そうでしょ、そうでしょ。

アンタが今日からアタシのシンデレラガール。喜びなさ〜い！

アタシはキャサリン。宇宙の2丁目在住。普段はこの本の著者である丸尾ちゃんの頭の中で思考の整理をしているの。いわば、思考の管理人ってとこかしら。

丸尾ちゃんのところで働いてもう7年になるけど、彼女ってばそれはもう人使いが荒くて、自分が理想の人生を手に入れた途端、「お前、バイトでもしてこいよ！」ですって。キィー。

アタシが彼女の旦那だったらもうとっくに離婚してるわよ。たで食う虫も好き好きってこういう事なのね。あ、話がそれちゃってごめんなさい。

それでアタシ、この度、アンタの頭の中を引き寄せ体質にリフォームして、アンタを「プロの引き寄せニスト」に育ててあげるために、派遣されることになったのよ。ちょっとさっきから何なのその不審者を見るような目つき……。契約期間が満了したら丸尾ちゃんの頭の中に戻るからしばらくガマンしなさいよ。その後はマッチョでもジャニーズ風でも、アンタの好きなビジュアルの管理人を手配してあげるから安心して頂戴。

さぁてと、早速仕事に取りかからせて頂くわ。

ヒィ〜〜〜〜〜！

ちょっとアンタ！　なんなのコレ！

はっきり言ってアンタの頭ん中、ゴミ屋敷よ、ゴミ屋敷！

何年放置してたのよ。この汚ギャル！　汚ーマイガッ！

うちの若い子に頼んで大型トラックを３台用意させたわ！　急いで大掃除するわよ！


一番最初にアンタの頭の中から捨てるもの。

それは「引き寄せる意気込み」！


アンタこの本を手に取った時「こんなふざけた本を書いた奴でも、思い通りに何でも引き寄せているんだから、私にも余裕でできるはず。早速バシバシ引き寄せて明日から悠々自適な生活をしてやる！」と意気込んでいるでしょう？

著者がふざけてるのは否定しないけど、まず肩の力を抜いてリラックスしなさい！　食事も腹八分目くらいが丁度良いって言うでしょう？

引き寄せだって同じよ。引き寄せ八分目、七分目、いや半分くらい引き寄せられたら上等、くらいの気持ちでやった方が確実なんだから。

黙って言う通りにしなさ～い！

「引き寄せる意気込み」はい、捨てまーす！

2 「頑張れば報われる」？　捨てちまぇ！

チャラいあの子は上司にひいきされて、エリートな彼氏が途切れないし、なんだか要領が良くってズルい気がするですって？

私はこんなにも頑張っているのにどうして冴えないのかって？

ここで悲しいお知らせがございますわよ～。耳の穴かっぽじってよ～くお聞き～。

「努力は必ず報われる」……わけじゃあないのよ～！　甘いのよアンタ！

でも大丈夫。著者の丸尾ちゃんも、引き寄せの法則を知るまではアンタと同じようにモヤモヤしてたんだから。

毎朝早く起きて満員電車に揺られ小一時間、会社での人間関係には大いに悩み、日曜夜7時のサザエさんエンディング曲で鬱状態マックス。毎日残業をしても、給料が上がらない！　とグチりながら浴びるように酒を飲み、終電で帰宅。睡眠時間4時間でまた朝が来る……の繰り返し。傷んだお肌のために時にはお高い美容クリームを顔に塗りたくったり、時間があれば美容点滴を打ったり。仕事も美容もこんなに頑張っているのに何もかもがパッとしない。

それでも立ち止まるわけにもいかず、ブレーキの壊れた自転車状態。全速力で滑走し続けること数年。

プライベートもおざなりにして仕事を優先させてきたのに、後から入ってきた同じ歳の男性社員が役職に就いていた時はハンカチを噛み締めて泣いたって。

それだけじゃないわよ。

一周り年下の子に「なんで結婚しないんですか？（できないんですか）」って無邪気に聞かれた時。

憧れのイケメンな先輩に「丸尾ちゃん、惜しいよね」って言われた時。

「まだ若いからいいけど、10年後そのままだったら社会で通用しない」とクソバ…年上のお姉さまにアドバイスを頂いた時！

地球の海面水位が上昇しているのは温暖化のせいではなく丸尾ちゃんが流してきた大量の涙のせいだって2丁目ではもっぱらの噂なんだから。

昔を思い出すたび、「沢山の辛いことに耐えて我ながらよく頑張ったわ」って言ってるわよ。

そして努力の矛先をどこに向けたら良いかわからなくなった時に引き寄せの法則とアタシに出会ったの。

それから丸尾ちゃんの人生は右肩上がり！　海外出張ばかりの部署に配置替え、数年後には運命の人とのスピード結婚、スピード妊娠、スピード出産。退職後は遊び半分以上で作り始めたラインスタンプでＯＬ時代の倍以上の収入を稼ぎだしたのよ！　あの落書きみたいな画力でよ。オッタマゲ～。

引き寄せの法則に出会ってからは自分が楽しいと思える事に目を向けて「好き」な事を意識的に選択するようにしたら、あれよあれよと楽しい日々が訪れて、あっと言う間に7年が過ぎていたの。

それで丸尾ちゃんは悟ったのよ。

「好きな事をやればやるほど人生が思い通りになってる！」
「辛い事に耐えて頑張る事で報われるなんて大嘘！」
「ドMだった自分は捨てちまえ～！」

え、アンタも昔の丸尾ちゃんと同じドM女？

仕事・美容・恋愛・婚活・妊活・子育て・ファッション・リア充な生活・人間関係……女って頑張る事が多くて大変よねぇ。

でも本心では嫌々やってる事って、どんなに時間と労力を費やしても同じような「イヤイヤ」な事しか引き寄せないのよ。

頑張ってるアンタは偉いけど、その頑張りが逆にあなたの足を引っ張っている事に早く気がついて！

い～い？　何でもやみくもに「頑張れば報われる」なんていう考えは捨ててしまいなさい。ポーイ！

3 「カルマ」？　捨てちまえ！

「あなたは前世で悪事を働いているため、今世では幸せにはなりません」

ドーン！

びっくりした？

ウソ、ウソ。そんなの全部ウソ。心配無用よ。


未来を作るファクターは前世でも1時間前でも1秒前でもなく「今」にしかないんだから。


「引き寄せの法則」を勉強し始めると、昨日までの自分は文句や不満ばっかり言ってすごくネガティブに過ごしてきたけど、その思考はいつ生活に反映されてしまうんだろう？　と不安に思ってしまうことがあるかもね。過去にあんな酷い事をしてしまった、意地悪をして人を傷つけてしまった、変な別れ方をしてしまった……。

後悔と共にあんな事をした自分は幸せになれないんじゃないか？

きっと、人を悲しませた同じ悲しみが待っているはず。

そんな呪縛に縛られているそこのアンタ。

心のスキマお埋めしましょうか？　オーホッホッホ。

確かに同じ性質のものが磁石のように引き寄せられると言うのは本当の事よ。

あなたが今「幸せ」な気分でいるなら新たな「幸せ」を引き寄せるわ。

「喜び」は「喜び」を。

「憎しみ」は「憎しみ」を。

「怒り」は「怒り」を。

もう一度繰り返すけど未来に反映されるのは「今」だけ。これまでネガティブな思考に頭の中を支配されていたとしても大丈夫。過去の思考は既に現実に反映され済みなんだから！

誰の人生にも後悔はつきものだけど、反省して心を切り替えればどんな人でも「今」この瞬間から思い通りの人生の一歩を踏み出せるのよ。

「あの件があってから悪い事ばかり起きてるよ！」というアンタ。

その件がカルマとしてアンタに返ってきているのではなく、うしろめたい気持ちや自分を責める思考が望まない物事を引き寄せたのよ。

存在しない「カルマ」に囚われていつまでもしみったれていても、引き寄せるのは人の弱みにつけこんだ商品や除霊、セミナーを売りつけてくるインチキ集団だけよ～。

「あなたが結婚できないのはカルマのせいです」

「水子の祟りですね」

「災難が起こるのは先祖の代からの因縁のせいです」

んなこったなーい。

人生がパッとしない理由を自分以外の何か（カルマ）のせいにするのは責任転嫁以外の何物でもない事に早く気が付きなさ～い。


持っているだけで良い事が起こる開運グッズなんて本当にあると思う？（溺れる者は藁をも掴むって諺があるけど、アンタ完全に陸に立ってるから大丈夫よ）

アンタの幸せはアンタ自身でしかコントロールできないんだからね。私は反省し続けてます！　アピールはもういいわ。

そのネチネチした思考、さっさと手放してどんどん幸せになった方が、結果的にアンタにも周りの人にも更に幸せを運ぶ事になるのよ。本当に反省しているならアンタが幸せになる事で償う事ね。アンタの素晴らしい人生はまさに「今」から始まるのよ！

「カルマ」ガッツリ捨てまーす！　ドッスーン。

4 「ジャッジする癖」？　捨てちまえ〜！

いつだって「今」に意識を集中させる。これができたらアンタもう立派なプロの引き寄せニストよ！　こんなにあっさりプロの引き寄せニストを養成できるなんて、アタシがプロの引き寄せニストを育てるプロなのかしら？

レッツ、引き寄せ〜。（どんだけ〜のリズムで♪）

え？　朝から嫌な事があって今も気分が悪いって？　普段から浮き沈みの激しい隣の席の同僚が、どうやら今日はご機嫌斜めの日らしく、朝から挨拶を無視された？

1日の始まりから悪い事が起きたせいで顔がブチャくなってる？

あ、それは大丈夫、いつも通りだから。

職場の人間関係の悩みはつきないわよね。どんな団体にも変わった人はいるものだし。アタシの住んでる宇宙の2丁目なんて変な奴ばっかりで逆に楽しいわよ〜。

変な奴の一挙手一投足でいちいち気分を害していたら、ず～っとヤモヤして過ごすはめになるんじゃない？

「同僚に無視された」という出来事はたった一瞬の間の「過去」の事。

なのにアンタの頭の中にはまるでそれが「今」も起こり続けているかのようにイライラモヤモヤ。

「私何か悪い事したかしら」

「ムカつく」

「仕事がやりにくいわ、1日が台無し」

と次から次に思考が湧き上がってきて……頭ん中がまたゴミ溜めに……さ、酸素がどんどん薄く……。うぅ……。

アンタ私を殺す気?!

今すぐあの言葉を思い出して！　シェークスピアのハムレットの中のセリフよ。もちろん読んだ事あるわよねぇ？　シェークスピア。

「物事に良いも悪いもない、考え方次第だ」

それそれ！

シェーちゃんも言っているように、物事には良いも悪いもないのよ。

同僚が無視をしてきたというただの「出来事」が起きて、それを「悪い事」が起きたとアンタが決めつけて勝手に気分を害しているだけ。

他人の言動に左右されて自分の大切な「今」を台無しにするのは勿体無いと思わない？　とはいえアヤツさえいなければ万事解決するのにって？　ほら！　まだ不快な思考をしているわね！　だからまた不快な出来事を引き寄せるのよ。嫌な事をされたら永ちゃん*ばりに「アイ・ラブ・ユー、ＯＫ」って言ってやんなさいよ。シェーちゃんも永ちゃんも良いこと言うわよね〜。

良い事を教えてあげる！　嫌な奴と縁を切るためには、アンタが早いとこプロの引き寄せニストになってしまうことよ。そうすればもし職場に嫌な奴がいても、不思議な事に異動になったり退職したり、もしくはアンタがもっとキャリアアップしたり、とにかくいずれ縁が切れて「そんな人いたっけ？」と思い出す事もなくなるから。

プロの引き寄せニストになるには、まず頭の中のゴミ（無駄な思考）を断捨離する事！　そしていつでも意識を「今」に集中させる癖をつける。何かのきっかけでネガティブな気分になってしまってても大丈夫。そんな時は意識を「今」に戻して、「今起きた事に良いも悪いもない！　ネガティブな感情になるかならないかは自分の選択次第！」

って思い直すの。ちょっと練習すればすぐにできるようになるわよ～。

今日で物事を善し悪しでジャッジする癖とはお別れしましょう！　チャーオ。

＊永ちゃん＝矢沢永吉さん。日本を代表するロックミュージシャン。「アイ・ラブ・ユー、ＯＫ」は永ちゃんの名曲。シェーちゃん顔負けの名言も数多く残しておりキャサリンは大ファンなのである。

5 「他人からの余計なアドバイス」？　捨てちまえ～！

『相手が持っていて、自分が持っていないもの』を話のテーマにされる時ってあるわよね。

既婚者が未婚者に「結婚っていいよ～、いい人いないの？　早く結婚した方がいいよ」って、聞いてもいないのに。

もしかして婚姻斡旋協会の方ですか？　私が結婚するとおいくらかあなたに支払われるシステムなんでしょうか。そもそもあなたの結婚生活、特別羨ましい要素もないし、あの旦那みたいなのと結婚するくらいなら1人の方がましなんですけど！

子供のいる人がいない人に「子どもっていいよ～、視野が広がるし、人として成長できるよ～」って、聞いてもいないのに。

え、あなたの視野ってもしかしてハエ並み？　そういえば何かに似てる……？　と思ったら仮面ライダー！（仮面ライダーはバッタよ！）

巷に溢れる婚活・妊活セールスレディ。御本人は良かれと思ってアドバイスしてくれているつもりかもしれないけど、言われた方はなんだかモヤモヤが残る。

特に妊娠については晩婚化・高齢出産が進んでいる昨今、デリケートなテーマなのにも関わらず「お子さんまだですか？　うちの子はデビルで大変だけど自分の子はやっぱり可愛いですよ」な～んて、頼んでもないのに子供の写真付きで連絡してくる人とかいる。結構いる。しかも全然可愛くないし。

「可愛いですね！　うちも早くできるといいけど、こればかりは授かりものですから」

な～んて優等生な模範解答で返信してるですって!?

それで本当に「今」気分良く過ごせているならオッケーだけど、実際はずっとモヤモヤモヤモヤ。

丸尾ちゃんならデリカシーのない奴からの連絡は無視するか、百歩譲っても、

「あら、お父さん似！（残念でしたね、お母さんに似ても可愛くないだろうけど）」

って返信するわね。一児の母とは思えないほど意地悪よねぇ！　うふふ。

万が一心がブレて自分の人生に必要なものがわからなくなってしまった時は、『世界がもし100人の村だったら』と想像してみて。100人の村の自分以外の99人は結婚しない道を選び独身人生を謳歌しているのよ。それでも結婚したい？

「みんなが独身なら私も独身でいいや！」と思ったなら、アンタの偽結婚願望は他人からの余計なアドバイスに流されただけね。

間接的であってもデリカシーのない奴に自分の人生をコントロールされるってどうなのよ？

結婚したり、子供を授かって本当に幸せな人は、未婚の時も子供がいない時でも幸せだった人。だから他人の状況が自分と違っていても尊重できるし、自分も他人も自分自身で人生の選択をしているとわかっているから、あーだこーだ余計な無駄口は叩かないものよ。

他人の余計なアドバイスでモヤモヤするほど無駄な「今」はないわよね？

さっさと忘れましょう。

「他人からの余計なアドバイス」、アディオース！

6 「固定観念」？　捨てちまえ！

今、他人からの余計なアドバイスを捨てたばかりだけど、実はアンタ自身も「これやあれがあれば幸せ！」って思い込んでいる固定観念ってあるんじゃない？

例えば、今よりお金があれば今より幸せは増えると思う？

アンタ「あたり前でしょ！　お金があれば好きな事がなんでもできて、欲しいものは手に入るし、嫌な仕事をしなくていいし、ストレスも無くなるし」

わわっ！　急に喋った！　おとなしいクライアントだと思ってたんだけど、しゃべると意外とドスが効いてるのね。嫌いじゃないわ。うふふ。

で、アンタはお金があれば今より幸せになれると思っているのね？

それじゃあ世界的に有名なスーパーセレブの人たちを思い浮かべてみなさいよ。

いつもパパラッチに付きまとわれてプライバシーは無いも同然。結果を出し続けないといけない重圧のせいなのか激痩せ・激太り・奇行・薬物依存とか、精神的に病んでしまっている人もたくさんいるわよね。

それでもお金がたんまりあって、好きな事をやって、ストレスのない生活を送っているように見える？

１日１００円の生活費で暮らしている発展途上国の人はどお？

お金が無くて可哀相？

アンタの目の前に１００億円持っている人が現れて、

「1日の生活費が1万円以下だって？　一体どうやって生活が成り立っているんだ？　可哀想に。好きな事もできないだろうしお気の毒に。不幸な人生だね」

って言われたらどんな気分になるかしら？

アンタ「1日1万円以下で生活している人なんて、普通にいますよ。私だって、それなりに好きな事はできてるし。上から目線、嫌～な感じです」

ほらみそ～。さっき言った事と矛盾してるわよ。今のままでも好きな事ができていて幸せなんでしょ～が。

それと同じでアンタよりお金がない人たちがそれだけの理由で可哀相だったり不幸な訳じゃないのよ。

アンタ「う～ん、それでも今より少しでもお金があれば幸せが増える気がするんですけど……」

意外と頑固なのね。お金があれば無い時よりも買える物も行ける所も増えて、最初のうちは高揚感があるかもしれないけど、より幸せになるかというとそうでもないものよ。永ちゃんだって「会社員の幸せと矢沢の幸せは同じなんだ」とスターになってやっと気がついたって言ってたわ～。名言よね～。

アンタ「私、そんなに永ちゃんに興味ないですし…」

べ、べつにいいわよ。とにかく、そんなにお金で幸せになれると思っているなら、一度お金持ちになってみなさいよ。

アンタ「そんな簡単にお金が手に入るなら苦労してませんよ」

ほらまた出た！「お金は簡単には手に入らない」という固定観念。お金ほど簡単に手に入るものはないのに～。


生まれた時点でアンタは既に3千万円は手に入れてるのよ。

アンタ「赤ちゃんが3千万円ってどこのセレブですか」

何言ってんの？　庶民の話よ。この日本で食べて寝て学校に行って普通に生活して成人するまでに最低でも3千万円はかかるそうよ。習い事をしたりガキのくせ……いや裕福なご両親に海外旅行に連れて行ってもらっていたら、それ以上かかってるわね。

アンタは自分の預金通帳に印字されている数字だけをアンタの手に入れたお金だと思い込んでいるようだけど。

「大人になるための資金、数千万を引き寄せられますように」な～んて望んでなくても勝手に引き寄せできたんだから、アンタが意識して望めばもっと簡単に引き寄せられるのよ。ただしそれが難しいとアンタが思い込んでいるなら、実際に難しくなるでしょうね。


引き寄せを邪魔する「固定観念」今すぐ捨ててしまいましょう！　あーばよ！

7 「未来への取り越し苦労」？　捨てちまえ！

無駄な「固定観念」も捨てたら頭も心もスッキリしてきたわね。良い調子よ！　そのままお掃除を続けましょう～。アタシお掃除大好き。プロの引き寄せニストになるならない以前に、お部屋も頭の中も綺麗でいるのが「レディのたしなみ」ってものだと思わない？　清潔な空間の中にいれば自然とポジティブな気分になってくるしね～。

アンタ「固定観念を捨てちゃえば、お金を得るのも、素敵な恋人と付き合うのも、あれもこれも手に入れるのも簡単、楽勝～ですね。わっしょーい」

アンタって素直で物わかりが良くて話が早いわ～。これからは素晴らしい「今」のために必要なお金はどんどん使っていきましょう～！

アンタ「え！　私はお金がほしいのに、なんで使う話になってるんですか？　何かあった時のための貯金が無くなったらどうしてくれるの」

ついさっきまで「お金を得るのは簡単～。わっしょーい！」って言ってたじゃない！　それに何かあった時の「何か」って何なのよ？

アンタ「そ、それは……いろいろあるじゃないですか……病気とか……」
はい出た～。

「いつか病気になるかも」
「いつか事故にあうかも」
「いつか恋人と別れるかも」
「いつか急にリストラにあうかも」

そもそも心配事が実際起こる可能性はたった数パーセントなのよ。さらに事前に準備をすれば回避できることがほとんどだから、心配事のほとんどが取り越し苦労なのよ。

実際は起こらないはずの事を妄想癖のせいで現実化させてしまうアンタ。やっぱりプロの引き寄せニストの素質がムンムンねぇ。いやいや、嫌な事を引き寄せてどうするのよ！

口を酸っぱくして言うけどプロの引き寄せニストになるためには常に「今」に意識を集中させる事が大事なの。そしてできるだけ「気分良く過ごす」。起こるはずのない未来の出来事を案じて「今」を不安に過ごしたり、「今」やりたい事を我慢しているならもうその考えは捨てた方がいいわ！

「今」「気分良く過ごす」ための自己投資こそが素晴らしい未来を運んでくるのよ！

そもそもアンタの蓄え、矢沢の2秒分にも満たないわよ。

アンタ「だから、永ちゃんには興味が……え？　永ちゃんってそんなに稼いでるんですか？

急に興味が湧いてきた～」

ゲンキンな子ねぇ。（笑）

プロの引き寄せニストになればお金も含め必要な時に必要なものがやってくる事を実感できるようになって、むやみに未来の心配をしなくなるわ。安心して先に進みましょう。

「未来への取り越し苦労」捨てまーす。ポイッ。

8 「執着心」？　捨てちまえ！

アンタ「今を気分良く過ごすための自己投資が大事とはいえ、せっかくコツコツ貯めてきた貯金が減っていくと思うとやっぱり抵抗がありますよぉ」

もちろん明確な目的のための貯金は続けてちょうだい。無理にお金を使う必要なんてないわよ、夢のための貯蓄ならワクワクして素敵よね。

アンタ「まあ、特に目的はないですけど貯金は多いに越した事はないと思います」

その気持ちはわかるんだけど目的がなければ無期限で貯金をし続ける事になるんじゃない？そして増えれば増えるほど使うのが惜しくなる。いざ何かにチャレンジする機会が訪れても貯金が減る事の方が気になってチャンスを逃してしまう。チャンスを掴みとればお金が何倍にもなって返ってくるかもしれないのに。

アンタ「とはいえ勇気がいりますよ～、どんどんお金を使うのって」

それは執着というものね。

ただ、執着って悪い事ばかりじゃないんだけどね。だって「既に持っています！」って宣言しているようなものだもの。

「貯金が減らないようにとお金に執着してしまう」→「今お金がある」
「会社でのポジションを奪われたくないと執着してしまう」→「今良いポジションで仕事ができている」
「彼氏と別れたくなくて執着してしまう」→「今彼氏がいる」

アンタ「本当ですね！　なーんだ、あるあるづくしじゃないですか～」

そうよ！　その気持ちを忘れないでいて！

この先アンタが次々と引き寄せを成功させていくと、その過程でまたこの執着の感情に出くわすからね。その時失う恐怖から逃れられずにもがいてしまうと、信じた通り失う事になるわよ～。一度成功を収めた実業家のその後を追ってみると、多くの社長が破綻を経験しているのよ。失う恐怖に囚われてしまったからと言えるわね。

さてここで問題です。

何かに執着してしまっている自分に気がついたらプロの引き寄せニストとしてどうすればいいでしょう？

①手放してしまう。お金に執着があるなら全額誰かにあげるか使ってしまう。

②失う不安よりも、今ある事に目を向け感謝する。

③執着しているものより、もっと価値のあるものを得る。

アンタ「急にクイズですか？？　えーっと、えーっと、②かな、いや③？」

正解は……全部正解！　でした。ヒッカケ～。

①と②は今すぐにでもできるからせっかちなアンタにオススメね。

③については童話のわらしべ長者を思い出してみて。

運の悪い男がお釈迦様のお告げ通り、寺から出て一番最初に掴んだ物（藁）を持って歩き出すんだけど、それから出会う人と物々交換を繰り返して最後は立派な家と畑を持つ大金持ちになったって話よ。男は落ちていた藁にハチを結びつけたものを子供にあげるところから物々交換が始まるんだけど、初めに金貨を拾っていたら子供にはあげなかったかもね。もしそうなら男が得られたのは金貨一枚だけだったでしょうね。何事にも執着を持たず、手放す事ができればもっと良いものが得られる事をこの話は教えているのよ。

アンタももっと良いものを引き寄せるために「執着心」は捨ててしまいなさい！
ポイ～。

9 「過去の栄光」？　捨てちまえ！

アンタ「わ～い、執着を捨ててすべてを失っても良い覚悟をしたらスッカラカーン。これからは得るだけですね。ヨーロレイヒー」

アンタ、色々捨てすぎてキャラがおかしな事になってるようだけど……。アタシ、そんなアンタ嫌いじゃないわよ。

常にちょっとふざけてるくらいの方がプロの引き寄せニストに向いているのよ。いにしえからの偉大な賢人たちも引き寄せの法則について言及しているのよ。

ユーモアあるところに引き寄せあり　by キャサリン・エクストラオーディナリ

アンタ「キャサリン・エクストラオーディナリって誰ですか？」

アタシよ、アタシ。このキャサリン様から直々に引き寄せを学べるなんてアンタってほんとラッキーね。

断捨離が上手になってきているからこの調子で不要なものは全部処分してしまいましょう！

そういえばこの間レストランの隣の席でオバ…いやお姉さま方の話が耳に入ってきたんだけど……。

「私達が若い頃はデートで1円も使わなかったわよ～、割り勘にするような雑魚を相手にしちゃダメよ～、もっと大物を釣らないと！」

それを聞いていた若い女子のリアクション。

「へぇ、すごいですね！（その顔でそんな高待遇を受けられたんですか？　っていうかもしかしてまだ遠洋漁業中？）」

心の声が長っ！　女って怖いわねぇ！　アタシ瞬時に人の頭の中に移動できるから何でも本音がお見通しなのよ！

華やかなバブル時代を経験した人の中には当時のままの派手な考え方がなかなか捨てられない人もいるのよね。バブル世代だけに限らず、思考だけ20代でストップしていつまでもチヤホヤされて当然だと思ったまま歳を重ねると、思考と現実のギャップで苦しむ事になっちゃうんだから。執着してしまうほど楽しい過去の思い出があるのは素敵だけど、もっともっと楽しい未来が待っているのに意識が過去に囚われたままでは引き寄せはできないわ！

未来を創り出す元になるのは「今」の思考だけだからね。

「昔の彼氏が忘れられない」

「楽しかった学生時代に戻りたい」

「子供が小さい頃は良かった」

ちなみに著者の丸尾ちゃんも口を開けば、「昔はブイブイいわせてたのに！」って言ってる。ドンダケ～。ただしセリフには続きがあって、

「これからはブイブイどころかブイブイブイブイいわせちゃるけん！」

と鼻息荒くしてるのよ～。さすがのアタシにも意味がわからない。

口を酸っぱくして何度も言うけど思い通りの未来を引き寄せるために大事にすべきは「今」「今」「今」「今」「今」「今」「今」「今」「今」だけなのよ～。ハァハァ。

「過去への執着」は良い未来のために捨ててしまいましょう。ポイのポイのポーイ！

10 いつやるの？　今でしょう

アンタ「固定観念とか、思い込みとか、何年も着てない服とか、元彼から貰った物とか、物事をジャッジする癖とか、未来への不安とか色々捨てたら残ったのは裸のワタシだけ～。今までの私って随分と着太りしてたんですね～」

思考デブね！　生まれてから今まで色んな人の影響を受けているんだもの当然よね。特に親という名の他人から受けた影響は計り知れないからね～。

自分の考えは自分だけのものだと思い込んでいるけど、実はほとんど他人から詰め込まれたものなのよ。

一度思考デブになっちゃうと、どの思考が本当の自分の思考なのか見分けがつかなくなってきて、自分探しのためにこれまた他人の考え方を詰め込もうとする。

アンタ「ドキッ！　私は自己啓発本を読むのが趣味になってます」

意識高いのは結構だけど、知識だけ詰め込んでも思考デブになるだけよ。

アンタ「そうそう。そうなの！　私って意識高い系なんです。今よりもっと自分を成長させたいんです！」

何なのそのドヤ顔、ちょっとムカつくわ。その心がけ一見スッバラシーけれども。「今の自分」＝「成長する前の自分」＝「不完全な自分」で、いつか「完全な自分」になれて初めて思い通りの人生のスタートラインに立てる気がしてない？

そもそもアンタにとって「完全な自分」の定義が何なのか知らないけど、完全な自分になるのを待っていたら何度人生があっても足りないんじゃないの〜？

丸尾ちゃんなんて不完全どころか不完全の半分以下くらいよ。

ＯＬ時代はまるで漫画みたいに就業開始時刻ピッタリに会社に到着、それから二日酔いで半分死んだ状態のまま午後に突入。就業時間が終わる頃になると、元気が復活しちゃってまた飲みに行く始末。そんな状態だからかどうかは知らないけど、会社の伝説に残るミスをおかすこと数知れず。

よくクビにならなかったわよ。それどころか毎年昇給してたわよ、何ていい会社なのかしらねぇ。

それから見た目以上に口が悪い！

「なめんな」「なめてんの」「なめやがって」の三段活用だけで1日終わる時もあるくらいよ。口は悪いし、家事全般が苦手だし、そもそも得意な事もこれといって無いし、注意されると逆ギレするし……。

それでも引き寄せはできる！

アンタも不完全なままでも絶対にプロの引き寄せニストになれるから大丈夫。その条件は「今」始める事よ！

水泳のハウツー本を１００冊読んで泳げるようになる確率と、今目の前にあるプールに飛び込んでみるのと、どちらが先に泳げるようになるかは一目瞭然よね。

娯楽のための自己啓発とはお別れしましょう。

いつ引き寄せるの？　今でしょう！

Points of Chapter 1

- ◆ 引き寄せは意気込まずリラックスした状態で起こる。
- ◆ もがけばもがくほど引き寄せは遠ざかる。
- ◆ 引き寄せはいつも「今」の思考を元に起こる。1秒前であれ過去の思考は関係ないので後悔無用。
- ◆ 常に「今」に意識を集中させる事が上手な引き寄せのコツ。
- ◆ 他人の価値観と自分の価値観を混同しない。
- ◆ 固定観念が引き寄せを遠ざける。
- ◆ 未来への不安は無意味。
- ◆ 執着を手放すともっと良いものが引き寄せられる。
- ◆ 引き寄せに「過去」も「未来」もない。「今」引き寄せるのみ！

Chapter 2
思考パズルのルールを知る

1 「引き寄せ」はランチ選びと同じ？

はぁ～！　アンタの頭ん中、随分綺麗になったわね。

急に*渡辺篤史がお宅訪問にきて、「あ～なんとよく整理されているお宅なんでしょう。素敵な見晴らしですね～。ずっと居たくなる空間です」とべた褒めしてもらえる事間違いなしよ。

あの方はなんでも褒めるのよ～、生粋のプロの引き寄せニストね。


ところでアンタ、引き寄せ本のくせに『引き寄せの法則』について説明されてないぞ！　って思ってる？　気がついちゃった？　めんごめんご。

アンタ「めんご……ってなんですか？」

失礼～。丸尾ちゃんのところに長く務めているものだから、昭和臭が染み付いちゃったのよ。

素晴らしき昭和の産物、わからなかったらググるなりしてついてきなさいよ～。さもないと
オ・イ・テ・ケ・ボ・リ～。

あ、そうそう『引き寄せの法則』とはなんぞや？　だったわよね。

引き寄せの法則とは？

説明しよう！　それは「この世に存在するすべての物質、空間、人、人の思考や言動からは波動が出ており、同じ周波数の波動同士が引き寄せ合うという法則であ～る」以上。


理解できたかしら？　サスガシャッチョーサンスゴーイ。

7年前この本の著者、丸尾ちゃんと初めて出会った時、同じ説明をしたんだけど彼女何て言ったと思う？

「は？　法則？　波動？　それ理科？　なんなの？　私高校の時、化学の試験でカンニングして停学になったのがトラウマで、理科っぽい言葉を聞くと拒絶反応で蕁麻疹が……ポリポリ、あああああ～、なめてんの！」

あの頃まだうら若き乙女だったアタシは、急にブチ切れられて萎縮しちゃったのよ。

懐かしいわぁ、若かったなぁ、もう慣れたけど。

それでどうにか引き寄せの法則を理解させようと色々説明したんだけどなかなか理解してもらえなくて。幼稚園児に説明するつもりでやったら、よ～うやく解ってくれたのよ。

ある日、お母さんが子供に「今日の晩ごはんは何が食べたい？」と聞きました。

子供は色々と好物を頭に思い浮かべた末「ハンバーグ！」と答えました。

その夜は家族みんなでハンバーグを食べましたとさ！　チャンチャン。

ところでアンタ、昨日のランチは何を食べた？

アンタ「えーと、昨日は天ぷらそば。おいしい店が会社の近くにあるので、ちょっと高いけど、奮発したんです」

へえ。お寿司、パスタ、ピザ、ステーキ、ラーメン、コンビニ弁当……。数ある選択肢の中からそれを選んだのね、自分の意志で。

自分の意志で選んで、それを実現させた！

それそれ、それが引き寄せよ。


今週末は仲のいい友人と映画に行こう、最近疲れているから昼まで寝よう、ずっとやりたかった英会話を習いに行こう。

どれも自分で決めた事は容易に実現するでしょう？

引き寄せの法則も全部それと一緒なのよ。

明日のランチをどうするか決める勢いで、「イケメンで優しくてそこそこ収入がある人と出会って結婚しよ～っと」とか「リビングが広くて見晴らしが良くてセキュリティのしっかりしたマンションに住も～っと」と何でも自由に決めてみなさい。

引き寄せの法則はランチに何を食べるのか決めるのと同じ事。

アンタが自分の意志で買う、出会う、やる、なる、と決めた事はすべて実現するの！

＊渡辺篤史＝『渡辺篤史の建もの探訪』という建築紹介のテレビ番組が有名な俳優。どんな住宅を訪れても好意的な解釈をし褒める事を忘れない究極の褒め上手人間。永ちゃんに続き、キャサリンの尊敬する人の一人。

2 引き寄せパズルゲーム

え、ランチのメニューを引き寄せるのと、理想の彼氏を引き寄せるの、全然難易度が違うって?

引き寄せに難易度なんかありましぇーん!

では今から引き寄せパズルゲームを始めまーす。

頭の中に注目~。これアンタの頭の中。

(脳内図①)

テトリスのルールは知っているわよね?

落ちてくるブロックが横一列に揃ったら

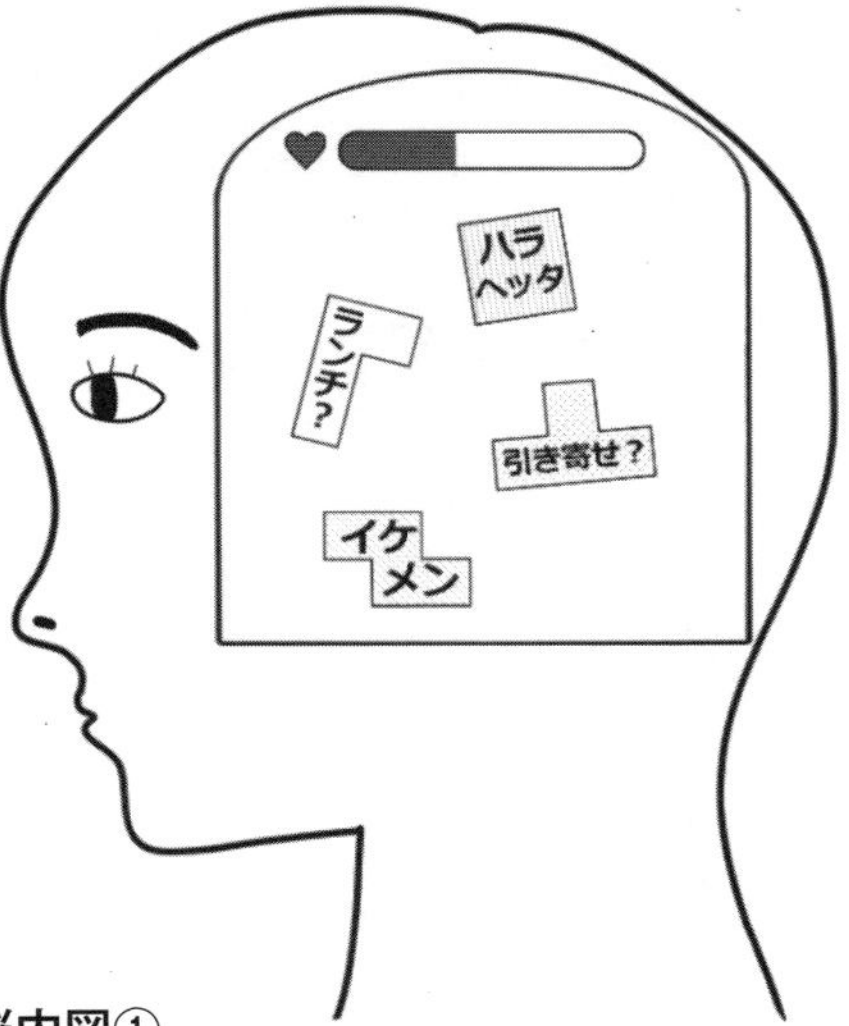

脳内図①

消えるっていう単純なゲームよ。

アンタ「って言うか唐突すぎます！　私はゲームなんかやってる暇はないんです。早く引き寄せ方を教えて下さい～！」

お黙り～！

これは「引き寄せパズルゲーム」よ。遊びながら欲しいものが引き寄せられるんだからいい世の中よねぇ。

手始めに素敵なパートナーを引き寄せてみまーす。

アタシの好みのタイプでやってみせるわね～。

うふふ～。まずは、

「顔は阿部寛みたいな濃い顔のイケメン」で、

「性格は舘ひろしみたいに硬派で、アタシの事だけを見てくれる人」で、

「趣味を共有したいから猫ひろしみたいにマラソン好き」で、

「困った事があれば100人に聞いて問題を解決できるほど友達が多い人」と、「横浜でたそがれたい！」

アンタ「3つ目までかろうじて理解できましたけど……。4つ目からは？？？」

え〜。あの伝説のクイズ番組『クイズ100人に聞きました』、ご存知ないの？んもー。いちいち説明していられないから、わからなかったらググるかsiriに聞いて頂戴。4つ目は関口宏よ！

アンタ「阿部寛、舘ひろし、猫ひろし、関口宏……まさか横浜でたそがれって……」

ご想像にお任せしま〜す。とにかくこんな風にどういう人が好きでどんなシチュエーションでどんな気分で過ごしたいか好き勝手に妄想すればオッケー。

見て！「イケメン」「硬派」「人気者」……思い浮かべた通り思考のパズルが頭の中に積み上がってる！

アンタ「さっきから上の方にある棒の中のメモリが増えたり減ったりしていますがこれは何ですか？」

そうそう、重要な事を説明し忘れていたわ。

それはワクワクゲージよ！

引き寄せたいものを想像するときに絶対必要なもの。

アンタ「ワクワクゲージ？　テトリスにはそんなものありませんよ？」

だから、これはテトリスじゃないの！「引き寄せパズルゲーム」だって言ってるでしょ！

ワクワクゲージは、まるで「今」それが既に叶っているかのようにワクワクすると、

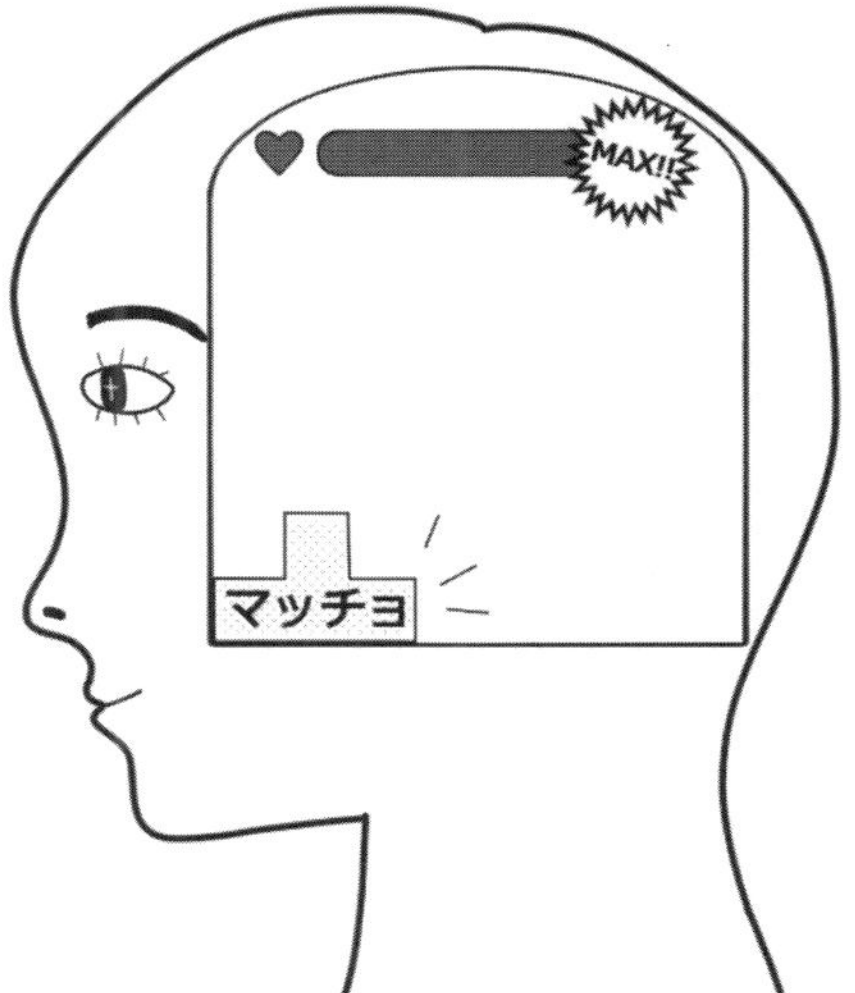

脳内図②

そのメモリがどんどん増えるの。で、ワクワクゲージがＭＡＸに近づくと思考のパズルが消えないで着地できるって訳。（脳内パズル②）

アンタ「ワクワクゲージが少ないとどうなるんですか？」

パズルが消えちゃう。せっかく色々思い浮かべても積み上がらない。よって引き寄せられない。チーン。**（脳内図③）**

アンタ「つまり、引き寄せパズルゲームをするときは何を引き寄せたいか具体的に考える事と、それ以上に引き寄せた時の事を妄想して楽しい気分になる事が大事なん

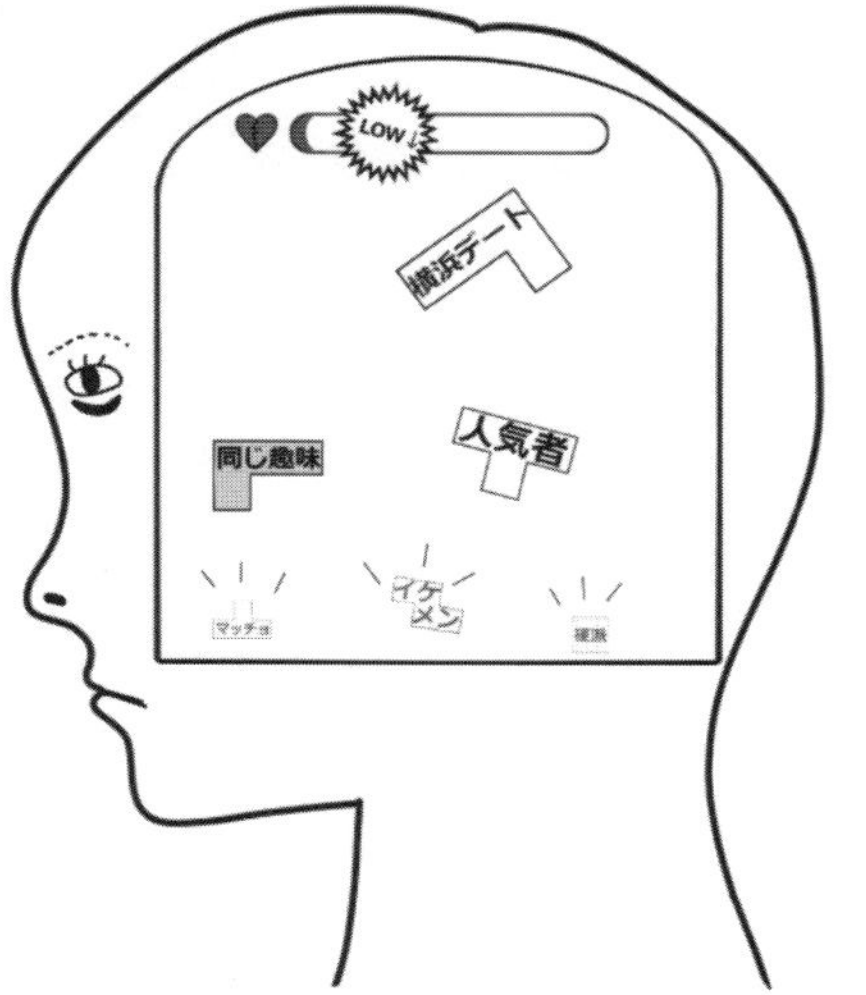

脳内図③

ですね」

　まさにその通りよ！

　ワクワクしながら思考のパズルを積み上げたら……あと一つ、積み上げれば引き寄せ完了ね～。**（脳内図④）**

　アンタ「…………。降りてきませんね。……」

　ああ、そうだった！

　思考のパズルが積み上がったら最後に「引き寄せーる！」っていうパズルが下りてこなくちゃいけないんだった！

「引き寄せーる！」でパズルが揃って消えたらその時に思考は現実化するのよ～。（脳内図⑤）

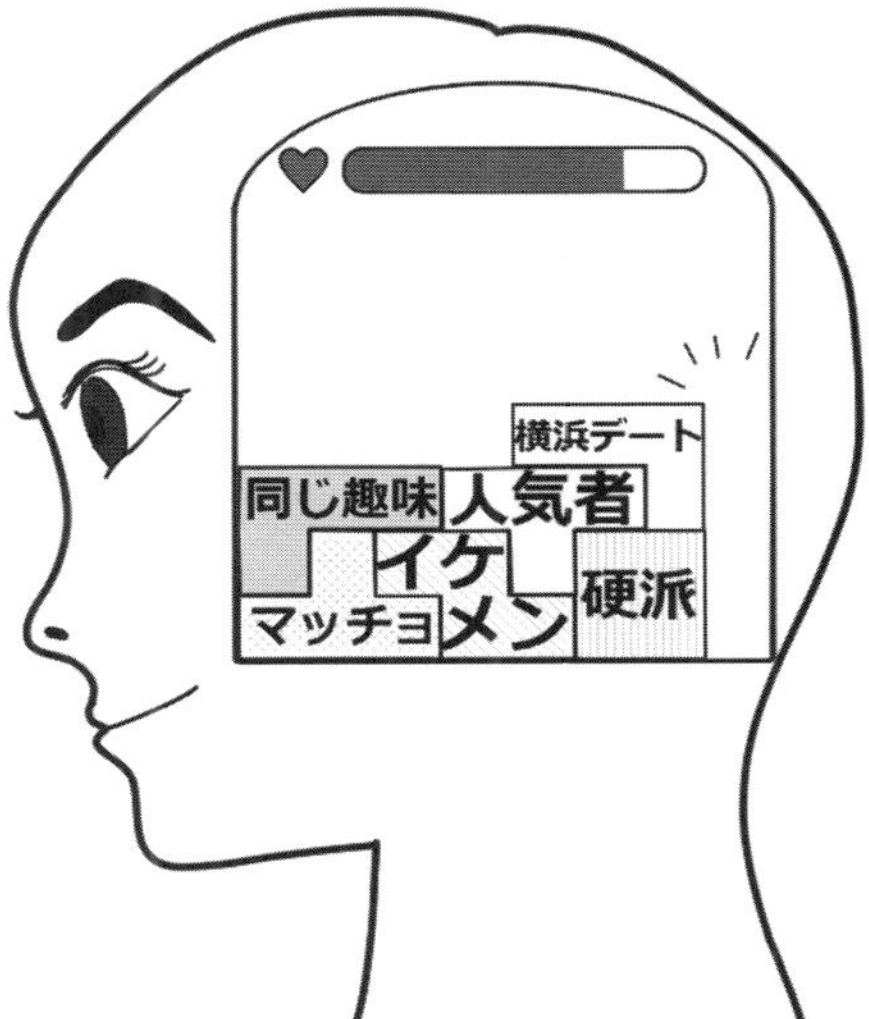

脳内図④

アンタ「っていうか、大事な事、忘れすぎじゃないですか！」

めんご、めんご。でも、忘れるくらいになったらモノホンよ。なんでもそうでしょう？　歯磨きだって、いちいち動作確認しなくても、ちゃんと磨けてるでしょ？

アンタ「まあ、確かにそうですね。（後付けっぽいけど……）」

引き寄せって思ってたよりずっとシンプルで簡単でしょ～？

レッツ引き寄せ～。

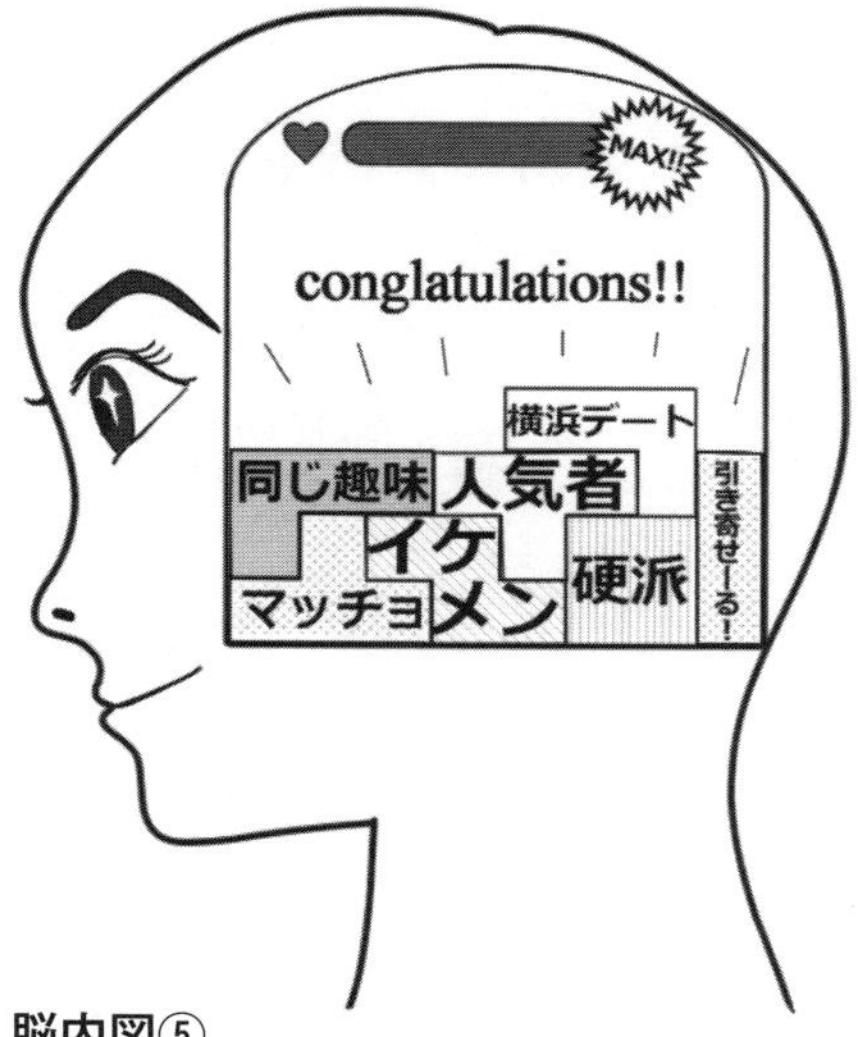

脳内図⑤

3 6万個のパズルをさばけ！

アンタ「引き寄せパズルゲーム、思っていたよりずっと簡単でした！　早速やってみます。引き寄せたいものを想像してワクワクしながらパズルを積み上げる、と」

お上手～。今日からアンタもプロの引き寄せニストね。

ではアタシは丸尾ちゃんのところに戻ります。お役御免。バイビー。

アンタ「待てい！　引き寄せたいものを考える事くらい今まで何回もやってきたけど、ちっとも引き寄せてないんです！　本当に私がプロの引き寄せニストになるまで逃がしませんよ！」

痛たたたた、髪を引っ張らないで頂戴！

だって初めて会った時、アンタの頭の中、相当酷かったじゃない！

あれ、全部、思考のパズル。ごっちゃごちゃ。

『引き寄せーるのパズル』どころかそもそも引き寄せたいパズルだって積みあげるスペースが

なかったんだからね。あれじゃあ思い通りの「引き寄せ」は無理よね。


ところで引き寄せパズル、1日あたり何個くらい下りてくると思う?

アンタ「う～ん、1時間で100個くらいだとして2400個くらいでしょうか?」

惜しい! 心理学者の研究によると人間は毎日最低でも60000回は思考しているのよ。

アンタ「え! そんなに?」

そう、どんな人でも1日あたり約60000個のパズルが降っては消え降っては消えを繰り返しているの。

その60000個の内、まるでそれが「今」実現したかのように強くイメージができたものと、特に頻繁に考えているものだけが消えずに積み上がるようになっているのよ。

アンタ「じゃあその60000個を全部ポジティブなパズルに変えちゃえばいいんですね!」

そうねぇ。もしそうなったらアンタ……。

「私お腹強いから大丈夫!」って言いながら道端に生えてる毒キノコを食べたり、「私足が速いから大丈夫!」って言いながら猛スピードで車が近づいてきている道路を突っ切ったり、

「世の中には善い人しかいない！」って言いながら振り込め詐欺に引っかかったり……。

半日も立たないうちに、取り返しのつかない事が起きるでしょうね。

ネガティブ思考は最悪の事態を想定させて今の生活や生命を維持するために必要不可欠なものなのよ。人間が生き残るためにご先祖様がまだ*はじめ人間ギャートルズだった頃から遺伝子レベルで引き継がれてきたのよ～。

アンタ「そんなに大事なものならどんどんネガティブになるっきゃない！」

単純か！

わざわざネガティブにならなくても6万個のうちの7割（つまり40000個以上）はネガティブなパズルだと心理学の研究で判明しているのよ。

だから気がつくとなんだかネガティブな事を考えちゃってるなぁ、っていうのは自然な事なの。

幸せそうなあの子や大成功しているあの人の頭の中にだって毎日40000個以上のネガテ

イブなパズルが降っているんだからね。ネガティブなのはアンタだけじゃないってわかった？

アンタ「実は私は人よりもネガティブに違いない、私は特別なんだって思っていました」

ドンダケ～。自分だけ特別だなんて、調子に乗らないでよね！

＊はじめ人間ギャートルズ＝原始時代が舞台の漫画。漫画肉の産みの親。イラストのレトロ感は古き良き昭和を彷彿とさせる素晴らしい名作。

4 引き寄せパズルゲームのルール

〈その1〉 肯定形で考える

アンタ「誰もがそうとは言え、1日4万個もネガティブな思考のパズルが出るって知ったら、これから嫌な事がたくさん起こるんじゃないかと不安になってきましたよぉ」

ネガティブな思考に引っ張られて気分も暗くなったら、モヤモヤゲージがMAXに近づいてパズルが積み上がっちゃうからね。

アンタ「モヤモヤゲージ？」

ネガティブなパズルが降りてくると、ワクワクゲージが自動的にモヤモヤゲージに変わるの。ワクワクゲージの時と同じで、「今」それが既に起こっているかのように感じたパズルだけが消えずに積み上がるシステム。**（脳内図⑥）**

アンタ「気が乗らない会議とか苦手な人との付き合い、子供の学費の事や老後の事……考えてるだけでテンションが下がりますけどモヤモヤゲージがいっぱいになると考えた通りの事が起こりますか？」

「今」それが起きているかのようにリアルに感じられるなら引き寄せられるわよ。

アンタ「どうしよう、毎日何かしらの心配事はしているし、急に考えないようにはできませんよ」

大丈夫、考えただけではモヤモヤゲージは動かないわ。

思考に感情が引っ張られた時だけ「ワクワクゲージ」も「モヤモヤゲージ」も動き出すんだから。

アンタ「つまりネガティブな事を考えてしまっても感情までネガティブにならなけ

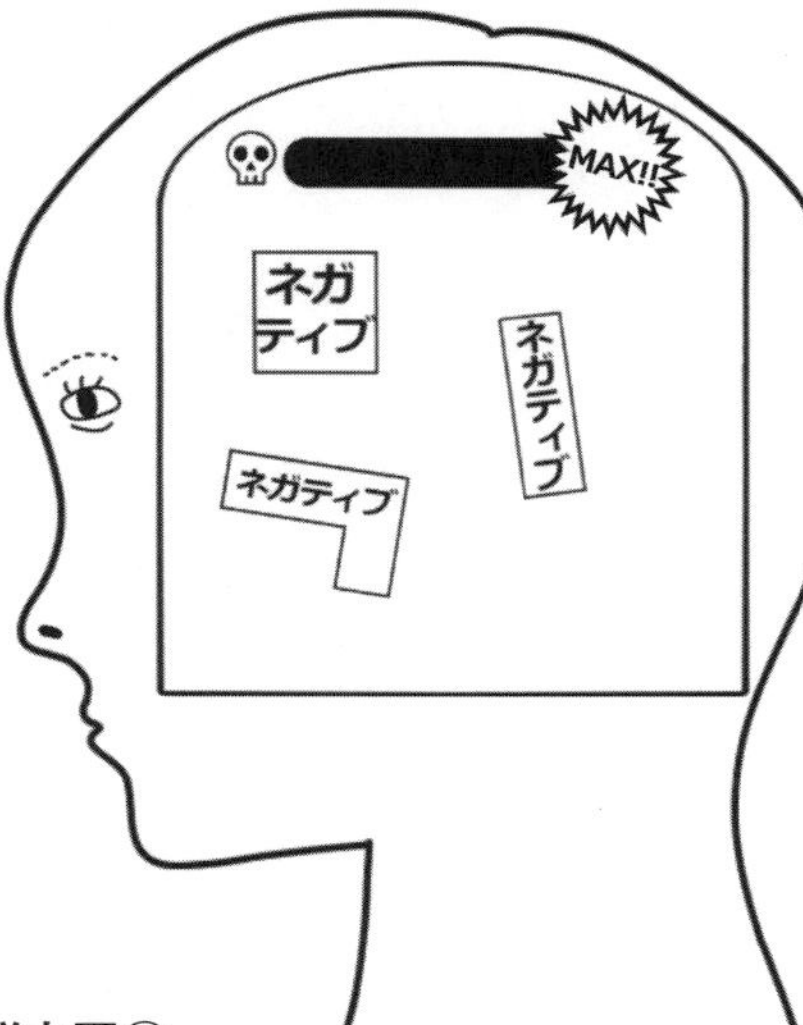

脳内図⑥

れば引き寄せは起こらないって事ですか？　でもどうやって？」

思考が起こると反射的に感情も現れると思っているかもしれないけど違うのよ。例えば明日、苦手な人と顔を合わせる予定がある。今までのアンタは考えただけで気分がどんよりしてしまっていたでしょう？　これからは思考に気がついたらそんな自分を客観的に見てみるの。

「（あ～、明日苦手なあの人に会うのは嫌だなぁ……）と、思考している私がいるなぁ、へぇ」

ってな感じでね。

アンタ「まるで他人事みたいですね」

そうそう、ネガティブな思考に気がついたら他人事みたいに「ふ～ん、そんな事考えてるのね、へぇ」ってワンステップ挟む。それだけでむやみに感情までネガテイブに引っ張られなくなるから！

アンタ「感情までネガティブにならなければ引き寄せは起こらないんですね。ちょっと安心しました。早くやってみたいなぁ」

ちょっと待って。引き寄せパズルを始める前に、重要な3つのルールについて説明させて頂戴。

現在、絶賛恋人募集中のS子の話を例に説明するわね～。あ、S子は丸尾ちゃんのお友達なの。

S子の理想の男性の条件、絶対譲れないのは身長が175cm以上である事！　美人で性格も良く友達の多い彼女は、これまで多くの男性を友人から紹介されていて、話を聞く限りなかなか好条件で素敵な人ばかり。

ただし見事に全員「チビ！」しかも174cmや173cmくらいのニアピンではなく160cm前半くらいのチビだと言う。

S子「私チビだけは本当に無理だからチビ以外の人を紹介してっていつもみんなに言ってるのに！」

丸尾「確かにS子、7年前から同じ事言ってるよ。チビだけは無理なのにチビな人ばっかりと出会うって。そういえばこないだ私が紹介したFさんとはその後どう？」

S子「だからー、ないよ！　Fさんもチビじゃん！」

丸尾「え？　あ、ごめん。私身長全然気にならないからFさんがチビだと気が付かなかったよ。わははは」

S子「わははじゃないよ～。も～、なんで私にはチビばかり集まってくるの（泣）」

ちょっとストップ！

S子の頭の中のパズル画面を見てみて～。

ほら、S子の思考のパズルが落ちてきたわよ。

「チビは嫌！」のパズル、下りてきた下りてきた。

あ！　回転してる。

あああ！「チビが嫌」が回転しながら「チビ」になった。

これじゃあS子はバッチリ「チビ」を引き寄せ続ける事間違いないわね！

（脳内図⑦）

こんな風に引き寄せパズルには否定形が存在しないの。

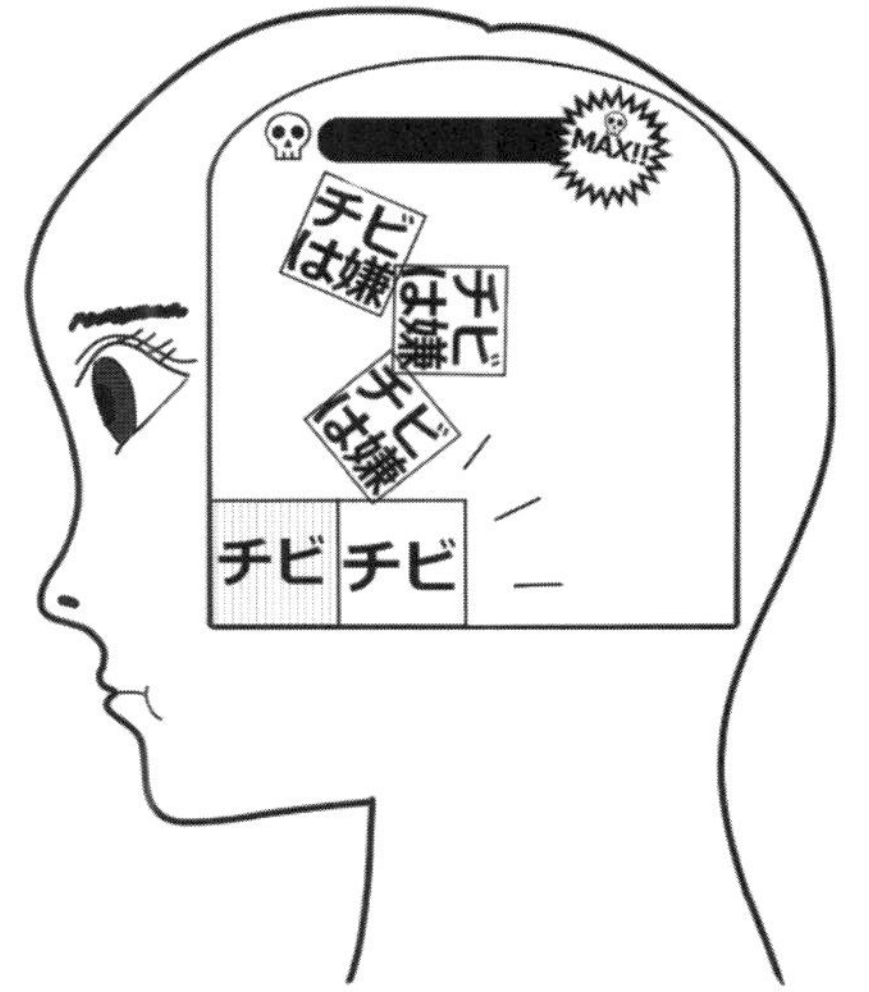

脳内図⑦

子供の時お母さんに「走ると転ぶわよ～」と言われた途端、バタン！　と転んだ経験ってない？

それはこのパズルのルールのせいなのよ、「転ばない」事に集中していた結果「転ぶ」のパズルが積み上がって瞬時に引き寄せたのね。

アンタ「そもそも私たちは死なないように食べたり眠ったりしていますよね？　このパズルのルールだと、死なないようにという思考のせいで死ぬ事になりませんか？」

食べたり寝たりする時にいちいち「死なないように」なんて考えないでしょう？

それは思考ではなくて本能よ。犬や猫、他の生物も思考が無くたって食べたり眠ったりするのと同じよ。引き寄せパズルゲームは思考を持つ人間だけのものよ。思考のパズルを積み上げるゲームなんだから。ついつい否定形で考え事をしている時は気を付けて！

「貧乏は嫌だ」「太りたくない」「試験に落ちませんように」……。

そんな風に日頃から考える癖がついていると、「貧乏は嫌だ」は「貧乏」を、「太りたくない」は「太る」を、「試験に落ちませんように」は「試験に落ちる」を引き寄せてしまうわよ。

「豊かな生活」「スマートな自分」「試験に合格」という風に初めから肯定形でパズルを積み上

げるように意識するのよ！
簡単でしょ～？

5 引き寄せパズルゲームのルール

〈その2〉 他人＝私

S子の同僚のAさん、パティシエになる夢が忘れられず、一念発起、会社を退職してフランスに留学する事にしたみたい。

S子「仕事を辞めて留学するだなんて、すぐ貯金を遣い果たしちゃいそうだけど大丈夫なのかな？　パティシエになって成功できる保証も無いし。そもそも、もう大人なのに今更新しい事を始めるなんて、リスクが高すぎるでしょ、バカだなぁ」

S子の頭の中を見て！

「退職」「チャレンジ」「貧乏」「失敗」色んな種類のパズルが下りてきた。

アナタ「あ、本当だ。でも他人の事だから関係ないですよね？」

ご注目〜。見て、パズルが裏返ってるでしょ！（脳内図⑧）

すべての思考のパズルの裏側には「他人＝私」って刻まれてるのよ～。

つまりS子は自分の事としてパズルを積み上げたって事。

「私は新しいチャレンジをすると失敗する」

「私は同じ仕事を続けなければ貧乏になる」

「私がリスクを犯して夢を追いかけるのは馬鹿げている」

こんな考え方をしているといざやりたい事ができてきた時でも失敗を懸念して挑戦できないでしょうね。まぁS子は保守的だから今のままで満足みたいだけど。

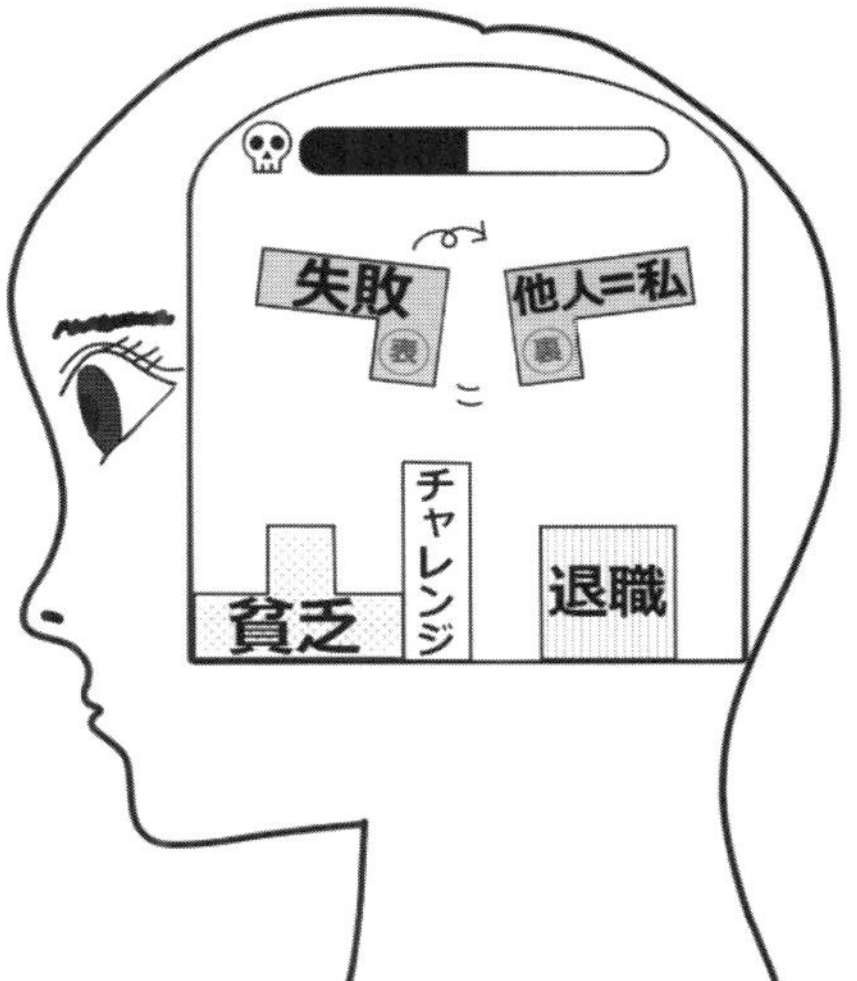

脳内図⑧

でもこのルールを知らないと、ちょっと前のアンタみたいに、「引き寄せたいのに、引き寄せられない〜」って事になっちゃうのよ。

時々、他人の心配している自分をチェックすることね。

テレビで芸能人の交際発覚のニュースを見た時、「絶対別れるよね〜」なんて言っていると、「私は恋人と別れる」「私に恋人ができても絶対別れる」結末を呼んじゃうかもしれないわよ。

アンタ「逆に他人の幸せを喜んだり、良いところを褒めたらどうなりますか？」

他人の良いところを「素敵だなぁ」「素晴らしい」と褒める癖がつくとアンタ自身の素敵なところが引き出されるような良い事が起こるのよ〜。

他人の幸せを願えばその幸せはアンタに返ってくるわ。

アンタ「他人も自分なんて、考えたこともなかったです。なんか、ようやく『引き寄せの極意』を教えてもらっている実感が湧いてきました！」

もし他人の事で否定的な感情が沸いてきたら、引き寄せパズル上達の大チャンス。

何でも自分の引き寄せに繋がると思って、たくさんポジティブな思考のパズルを出してみるのよ！

アンタ「なんだかやる気が出てきました！　これからは意識して人のいいところに目を向けてみます！」

その調子よ！　レッツ引き寄せ～。

6 引き寄せパズルゲームのルール

〈その3〉最短で実現する

引き寄せパズルゲーム、だいぶルールがわかってきたでしょ？ アンタって飲み込みが早いからアタシも楽しいわ。サクサク進めてバシバシ引き寄せちゃいましょう～。

アンタ「はい！　引き寄せたいものは肯定形で考える。パズルの主語は全部『他人＝私』だから他人に向ける思いもポジティブに。イケる気がします！」

イケるイケる、アンタなら絶対イケる。

それじゃあ最後のルールについて説明するわね。

3つ目のルール。それは「引き寄せは最短で叶う！」ヨロコビ～。

早速、最短で何か引き寄せてみましょうか？
何だか甘い物が食べたくなってきたわ。
スポンジがフワフワでいちごが乗ったショートケーキなんてどう？
まるで「今」目の前にあるように思い浮かべてみてごらんなさい。
「ショートケーキ」「いちご」「美味しい」「幸せ～」。
そうそう上手ね！　パズルが見事に積み上がってる。
あ～今すぐに食べたい！
そういえば家のすぐ近くにケーキ屋さんがあったんじゃない？
今すぐ買いに行きましょう！
「お店に到着～！」と同時に「引き寄せーる」のパズルが着地～。**（脳内図⑨）**

おめでとうございます～。たった10分で引き寄せに成功したわ！
アンタ「ええ？　自分で買いに行ったのは引き寄せじゃないですよ」
んもう～っ！　アンタ勝手に引き寄せ鑑定してんじゃないわよ！

『引き寄せの法則とは、ただ願うだけで後は寝て待て』
なんてアタシ言った覚えなーい。

「引き寄せーる」のパズルは最短のタイミングで下りてくるのよ。

だから特定の欲しい物があって、アンタ自身がそれを買いに行くのが最短であればそうなるでしょうね。
アンタ「急に目の前に現れたり、誰かがタダでくれたりするなら欲しいけど、自分でお金を払うならいらないなぁ……」
ってことは？　どういう事？
アンタ「本当に欲しいものじゃない……？」

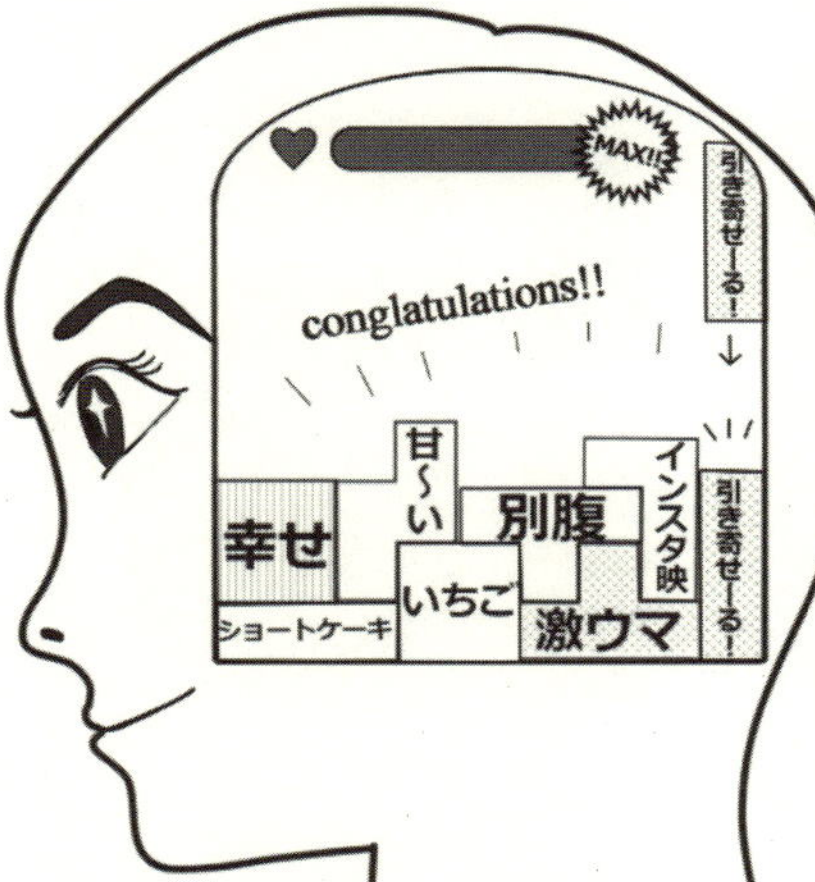

脳内図⑨

ご名答！

でも本当に欲しいけど予算が足りない場合や、事情があってまだ手に入れていない場合でも心配しないで大丈夫なのよ。

なぜだかわかる？

アンタ「わかった！　まるで『今』それが手に入ったかのようにワクワクして想像できれば、現実に引き寄せられるんですよね？」

そうよっ！　やっぱりアンタは鍛えがいがあるわ！

丸尾ちゃんも引き寄せパズルでたっくさん引き寄せをしているのよ。

妊娠中に赤ちゃんグッズを色々と調べていたんだけど、臨月でお腹も重いし暑いしで、生まれてからゆっくり買い物に行こうと思っていたの。

そしたら親戚や友人から貰った出産祝い、見事に買い物リストと一致してたんだって！　最初は欲しかったけど、調べているうちに不必要だと思った物まで引き寄せちゃったのよ。キャンセルし忘れちゃったのね〜。

アンタ「キャンセル？　引き寄せってキャンセルできるんですか？」

できる。もし途中でパズルの内容を変更したくなったり、ネガティブな思考で「引き寄せーる」のパズルを下ろしてしまったと感じたらすぐに「な～んちゃって」と言えばオッケー。

アンタ「それだけでいいの？　いつでも気軽にキャンセルができるなら、気軽に引き寄せパズルゲームができますね！　早速やってみます」

いい感じよ！　ネガティブ思考に気づいて、パズルを下ろしたら？

アンタ「なーんちゃって！」

7

引き寄せのハヒフヘホイ！
「ハ」の巻

引き寄せパズルゲームのルールもわかったことだし、早速実践していきましょう！

料理の味付けの基本はさしすせそ、**引き寄せパズルをコンプリートするには……。**

ずばり『ハヒフヘホーイ！』

アンタ「なんか、とってつけたような……それ、今、考えたんじゃないんですか？」

失礼ね。これはアタシの師匠から教わったれっきとした法則よ。まあ、最初はアタシも「ダサ！」と思ったけど、師匠はすごい得意気だったし、突っ込めなかったのよ。

ファーストステップは「ハ」。

自分が意識しているか、していないかに関わらず、1日6万個の思考のパズルが降っては消えている、というのは教えたわよね。

まずは、自分が何を引き寄せたいのか「ハッキリ」させる事から始めましょう。

アラサー女子N子の話を聞いてみましょう。
N子「今の職場、みんな陰気だしずっと働きたくはないんだよね。それで今通っているヨガ教室でインストラクターの資格が取れる講座を始めるみたいで、受けるべきか悩んでるんだ」
丸尾「いいじゃんいいじゃん、やりなよ！」
N子「でもインストラクターになれてもそれで食べていけるかどうかわからないし」
丸尾「え、でもヨガ好きなんでしょ？　教えるのも楽しそうじゃん」
N子「うん、好きなんだけど。でも今年は車検もあるし」
丸尾「車検とヨガのインストラクター、何の関係が……？」
そして帰り際。
N子「丸尾ちゃん、私、結婚したいんだよね。誰かいい人いないかなぁ？」

出たわ！　思考の汚ギャル！　頭の中がカオス状態。
会社を辞めたい、好きな事を仕事にしたい（でもお金は使いたくない）、結婚したい。

とにかく今の状況から抜け出したいけれど、結局何を引き寄せたいのかがハッキリしていない。

これじゃあパズルがいつまでたっても積み上がらないし、引き寄せーるのパズルも降りてこないって分かるでしょ？

人生がわかりやすく仕事が軸になっている男性と違って、女性には仕事以外にも美容とか恋愛とか結婚とか子育てとか色々な選択肢があって訳がわかんなくなってくる時があるのよね。気持ちはわかるわ〜。アタシも心は女なんだから。

選択肢が多いからこそ意識的に欲しいものを「ハッキリ」させる事から引き寄せを始めましょう。

通勤電車の中や、お茶を飲んでいる時、トイレの中で、布団の中で、ほんの数分の時間でいいから自分の人生には何が必要なのか考えてみて。もちろんワクワクしながらね。

レッツ引き寄せ〜！

8 引き寄せのハヒフヘホイ！

「ヒ」の巻

アンタ「引き寄せたいものをハッキリさせたから5分起きに○○が欲しい、○○が欲しいって念仏のように唱えてますよ～」
見上げた努力ね～。その調子で続けるのよ。

アタシは引き寄せのハヒフヘホの次のステップに進ませて頂きま～す。
アンタ「ちょ、ちょっと置いてかないで下さいよ。次は『ヒ』ですよね」
その通り！　ハヒフヘホの「ヒ」何だと思う？
アンタ「頻繁に考える！　じゃないんですか？」
ぶぶ～。
アンタ「じゃあ、周りが引くほど真剣になる！」

ブブー！　チカラ入りすぎ！

正解は「ひとまず放置する！」でした～。

アンタ「えー。なんですか、それ？　思考のパズルを積み上げなくちゃ、欲しいものが手に入らないんじゃないの？　放置なんて、真逆じゃないですか」


ふふふ、そう来ると思ったわ。

では説明しましょう。

ずっと欲しかったバッグがあるとしましょう。

「バッグが欲しい」「バッグが欲しい」と頻繁に考えると、「バッグ」のパズルと一緒に「今はまだバッグを持っていない」という「不足」のパズルも同時に積み上げてしまうの。

つまり、「欲しい」＝「不足」なのよね。

アンタ「うーん、まあ確かにそう言われればそうですね。欲しいは不足かぁ。でも持っているつもりになってパズルを降ろすにはどうすればいいんだろう？　持っていないのに持っているつもりになるのは嘘くさい気がするな～」

そうよね〜。そういう場合の対処法。

「私は自分自身にあのバッグを与える事を許可します！」と許可を出してみて。

まるであなた自身がお役所になった気分でね！

そして許可を出してもらった事に感謝して「ひとまず放置！」よ。

言い忘れていたけど無限にある思考のパズルの中で**一番パワーが強いのが「感謝」と「愛」のパズルなの。**パズルを積み上げる時、できるだけ多くの「感謝」と「愛」のパズルが混ざっていると「引き寄せーる」のパズルが早く出現するのよ。

アンタ「え〜！　なんかいつも大事な事忘れてませんか？　もっと早く言ってよ〜」

ものごとにはタイミングがあるのよ。私が忘れていたって事は、今が伝えるベストタイミングだったって事。今、アンタの意識に「感謝」と「愛」は一番パワーが強いパズルだって、植えつけられたのよ。

アンタ「まあ、確かに記憶には残りました。今ひとつ実感はないけど」

今日のところはこれくらいにしておいてあげるわ。後半にガッツリ講義するから、楽しみにしててね～。

「私は自分自身に素敵な恋人を与える事を許可します！」「ありがとうございます！」

「私は自分自身に好きな事を仕事にする事を許可します！」「ありがとう！」

自分が自分に許可を出して自分に感謝するって一人芝居みたいよね～。うふふ。

一度許可したら、感謝してひとまず放置！。

簡単そうに見えて、意外と忘れちゃうから気を付けて。

9 引き寄せのハヒフヘホイ！

「フ」の巻

自分に欲しいものを与える許可を出して、感謝して、放置。

「ひとまず放置」したら、その後はどおする？　ねえ、どおする？

アンタ「うーん、次は『フ』で始まる何かですよね……。ふふふ……引き寄せた時の事を想像して、含み笑いをする！　ふふふ」

アンタどんな引き寄せを企んでいるのよ。不気味だからやめて頂戴！

アンタ「違いましたか。引き寄せの実現に少しでも近づくためにやっておく事……もしかして自分自身に負荷をかけて追い込む？」

どういう事なのか一応聞きましょうかね。

アンタ「引き寄せが実現しなければもう後戻りできない状況に自分を追い込むんです。例えば私、さっき『私は自分自身にアラブの石油王にプロポーズされて億万長者になる事を許可します！』って宣言したんですけど、引き寄せる事を見越して早速退職願いを書きましたよ！」

退職願い……会社を辞めてどうするのよ？

アンタ「イスラム教徒に改宗するんですよ。石油王にプロポーズされたらすぐにでも嫁げるようにね。しかも会社を辞めて貯金も使い果たしたらもう人生やばいですから、何としてでも石油王からプロポーズされないといけなくなる訳です！」

確かに追い込まれてはいきそうだけど、その状況で億万長者の妻になった時の喜びを想像してワクワクできるなら引き寄せられるわね。そうなったら丸尾ちゃんのところに戻るのはやめてアタシも一緒に宮殿に連れていってもらおうかしら。うふふ。

アンタ「ワクワク？　するわけないでしょう！　退職したら貯金だけでいつまで食いつなげるか不安ですよ。それにラマダン中にすごくお腹が空いたら食べるのを我慢できるかなぁ？もしつまみ食いがバレたら怒られるのかと思うと怖くなってきました」

さすがのアタシも混乱してきたわ。もっとましな心配事があるでしょう？　そもそも何のために自分に負荷をかけようと思ったの？

アンタ「昨日テレビでやってたんですよ。人間は多少の負荷（ストレス）がかかったほうが、ノルアドレナリンというやる気ホルモンが分泌されるって」

多少の意味はご存知よねぇ？　引き寄せる事を見越して先取りして行動するっていう発想は悪くないけど、急に環境を変えたらそれこそ多大なストレスを被って引き寄せが近づくどころか遠ざかるわよ。

やりすぎ禁物。

アンタ「そうですよねぇ。じゃあ普段通り過ごしながらできる事で『フ』で始まる何か……」

正解！

「フ」は「普段通り過ごす」よ！

アンタ「えー!?、普段通り過ごすのが引き寄せのステップなんですか？　調子狂うなぁ。放置して普段通り過ごしていたらもはや引き寄せの事なんて忘れちゃいそうですよ」

そうそうそれで良し。さっき「欲しい」＝「不足」って言ったわよね？

引き寄せたい物事を意識しすぎると「まだそれが引き寄せられていない状況」を引き寄せ続けることになるの。だからできるだけ意識しないために、とにかく普段通り過ごす！

この退職届捨てておくわね～。

10 引き寄せのハヒフヘホイ！
「へ」の巻

アンタ「普段通り過ごしてるけどアラブの石油王どころかアラブ人っぽい顔の人にさえ遭遇しません。やっぱり何でも思い通りに引き寄せるなんて無理な気がしてきましたよ」

毎日４万個以上のネガティブなパズルが頭の中に出現しているんだから当たり前よね～。

アンタ「どうにかネガテイブなパズルが下りてこなくなる方法はないんですか？」

そんな方法は、無い！

ネガティブ思考っていうのは人間に必要な生命維持装置だってさっき言ったばかりでしょ。

それにこのままじゃダメかもっていう不安が、もっと人生を良くするきっかけになるかもしれないし、ネガティブ思考も思ったより悪いもんじゃないわよ～。

引き寄せパズルも少しくらいネガティブなパズルが混ざっていてもまったく問題ないのよ、実は。

アンタ「え？　そうなんですか？　ネガティブなパズルがあったら引き寄せられないのかと思って、頭の中から追い出そうとしたら余計に消えなくなって焦りましたよ」

うふふ。そんな顔してアンタ案外真面目なのねぇ。引き寄せパズルは楽しみながらやらなきゃダメよ～。

もしも引き寄せパズルのルールが難解だったら超適当人間の丸尾ちゃんはプロの引き寄せニストになれてないわよ。難しく考えないでオッケー。

アンタ「ネガティブなパズルがあってもいいんだ～。なんか急に肩こりが治っちゃいました」

ったくもう～（笑）。とにかくネガティブなパズルは無理に排除しなくて大丈夫。

でも、今から1分間はぜ～ったいに、栗まんじゅうの事は考えちゃダメ！

アンタ「く、栗まんじゅう？」

あ、栗まんじゅうのパズルが下りてきた！

アンタ「うぁ～。考えちゃダメだと思えば思うほど栗まんじゅうの事ばかり考えちゃう。しかも中身がこしあんだって事まで想像してしまったぁぁぁ」

うふふ。栗まんじゅう地獄ね。ネガティブな思考も考えちゃダメだダメだって思うほどパズルが積み上がっていっちゃうのよね～。

アンタ「あぁ～、どうしたらいいんだぁ～！　栗まんじゅうパズルをどうにかしてくださ～い」

アンタまだ栗まんじゅうの事を考えてたの？　その調子だと絶対栗まんじゅうを引き寄せるわね（笑）。


引き寄せパズルを始めて、もしもネガティブパズルが出てきたら、その時は……。

「平然と受け流ーす！」

アンタ「平然と受け流す？　何だこの音楽は……」

（♪チャラチャチャチャチャラチャ～……）

♪右から右から不安がやってきた～　私はそれを左へ受け流す～。

なにボサッとしてるの一緒に歌って！
アンタ「ふっふっ、ふいにやってきた～不安がやってきた～それを私は左へ受け流す～♪」

その調子よ。ワクワクゲージのメモリが上がってきたわよ。

それじゃあそのまま「破産」について考えてみて！

アンタ「右から右から破産がやってきた～、それを私は左へ受け流す～♪」
ノリノリじゃないの。
そして「破産」というネガテイブな思考のパズルも受け流した！
ネガティブな思考が湧き上がってきたら、負のスパイラルに陥る前に、
アンタ「平然と受け流すんですね！」
イエス、ユーキャン。レッツ引き寄せ～。

※右から来たものを左へ受け流すの歌＝お笑い芸人ムーディ勝山のネタ。２００７年に大ヒットしたが最近テレビで見かける事は少ない。しかし渋い声とソース顔は未だにキャサリンの心を掴んで離さない。

11 引き寄せのハヒフへホイ！
「ホ」の巻

アンタ「(鼻歌) フフフンフンフンフフフ～ン♪」

あれっ！　まだ歌ってる。

アンタ「ネガティブな感情を受け流すためのはずが、だんだん楽しくなってきてやめられない止まらない。フンフン～♪」

楽しそうで何よりだけど、引き寄せのステップはまだ終わってないのよ～。

次は「ホ」だけど歌いながらでもいいからやって頂戴。

アンタ「ホホホッホッホホッホ～♪」

本当に引き寄せたいものは何かを考えてみて～♪

アンタ「本当に引き寄せたいものは何かを考えてみる!?」

そうよ。さあやってみて。

アンタ「う～ん……。セレブ婚も自由な生活も全部本当に引き寄せたいものですよ」
それが本当に引き寄せたいものだっていう証拠は？
アンタ「お金や自由は誰もが望んでいて当然でしょう～？　証拠なんか無くっても自分の願望なんだから嘘をつく必要がないし」
ふ～ん、じゃあ本当に欲しいものについてアンタはちゃんと思考できているって事ね、それじゃあ次のステップに……。

丸尾「お前ら、引き寄せブートキャンプ気合いれてやってるか、コノヤロー」

ちょ、急になんなのよ。ブートキャンプ？　一体何を言ってるの。
しかもChapter 2の終わりになって今更、登場？　……自由だわ。自由すぎる。
ごめんねぇ、この人はこの本の著者の丸尾ちゃん。

急に口の悪い人が出てきてびっくりよね〜。

丸尾ちゃん何の用なのよ。

丸尾「道場破りだ、コノヤロー。なんで私を仲間はずれにするんだ」

バイトに行って来いってアタシを追い出したこと、すっかり忘れちゃったのね。

で、何だか楽しそうだから仲間に入れてほしくなって来ちゃったってわけ？　相変わらず、過去にはこだわらない人ね。

わかったわかった。はい、お手。後で遊んであげるからちょっと待ってて頂戴。

丸尾「ワンッ」

アンタ「今の人が何でも思い通りに引き寄せるプロの引き寄せニスト、丸尾さんですか」

そう。思ってたのと違った？

アンタ「ええ、まぁだいぶ。まさか犬みたいな尻尾まで生えているとは……」

人に対しても物事に対してもこうに違いないっていう思考って無意識に確立しているのよねぇ。本の著者は人間なはずっていう思考も幻想よ。マボロシ〜。もしかして著者はＡＩ（人工知能）搭載の犬型ロボットかもしれないじゃない？

アンタ「思考は幻想？　え、ちょ、ちょっと待って……」

待たないわよ。今がこの事実を知る絶好のタイミング！

思考は幻想、思考は嘘つきなのよ。

アンタ「え！　セレブ婚したいとか、好きな事を仕事にして自由な生活をしたいとか、全部嘘って事なの？」

そう全部嘘。

アンタ「だって、だって……思考パズルが下りてきて、それが引き寄せの仕組みだって言ってたじゃないですか？　あれも嘘なんですか？」

うーん。まあ、極端に言えば、思考パズルゲームも幻想よ。

そもそも自分の思考は自分が作り出したものじゃないからね。っていうか本当は自分もないのよ。アンタはアンタという個人が存在していて、自分の意志で思考して何かを引き寄せたいと思いこんでいるだろうけど。それも実は嘘。

アンタ「自分もない？　ぜんぜんわかりません～（爆泣）」

泣かんでよろしい。急にアンタの存在も思考も嘘とか言われたらそりゃ混乱するわよねぇ、めんごめんご。この事はいったん忘れていいわ。Chapter ４でみっちり仕込んであげるわよ～。

アンタ「混乱の極みです～」

でもね、もしかしたら自分の思考ってまやかしかも？　って疑ってみる事。その癖がつくと自分が本当に引き寄せたい事にたどり着きやすくなるし、気がついた時は既にそれ引き寄せてるのよ。

「人を見たら泥棒と思え！」ならぬ……

「思考に気が付いたら嘘だと思え！」by キャサリン・エクストラオーディナリ

12 引き寄せのハヒフヘホイ！

「イ」の巻

アンタ「十分なお金を引き寄せたい！　って思ったので、キャサリンに言われた通り私は本当にお金が欲しいのかな？　って疑ってみました。お金があったらやりたくない仕事を辞められるし、好きな時に好きな事をする自由が得られますよねぇ。**つまり本当に欲しいのは好きな時に好きな事をする生活なんだって気がついたんです。**それで好きな時に好きな事をするためにはお金が必要で、やっぱり十分なお金を引き寄せたい気持ちは本当でした！」

オッケー。自分の思考に気がついて本当かどうか疑ってみたのね。良く出来ました。

ハナマル～。

じゃあ最後のステップ。

「引き寄せのハヒフヘホイ」の「イ」。

それは「今できる事をする」

アンタ「今できる事？　十分なお金を引き寄せるために今できる事は……宝くじを買うべき？　副業を探すべき？　投資すべき？　上司に貢物を送るべき？　何が正解!?」

今できることを次から次に思いついて素晴らしいわね。ツッコミどころ満載だけど。

アンタ「大金を得るには宝くじに当たるか収入を増やすかしかないもんなぁ。でもさっき思いついた事を全部やっても大金を得られる可能性は少なそうですよね。ちょっとは増えるかもしれないけど。待てよ。大金を得るには宝くじに当たるか収入を増やすしかないという思考は本当か？　他にもあるかもしれない。そもそも大金っていくらだ。いくらあれば自由を得られるの？」

ずいぶん独り言が長いけど、いちいち思考を疑う癖がついたみたいね。ウェルダンよ〜。

アンタ「色々考えるのは疲れますね。結局今できる事が何なのかわからなくなっちゃった。何をすべきか正解を教えて下さいませ！」

「すべき事」なんか今までもこれからもないのよ。したい事があればやればいいし、なければ

しなくていい。今みたいに『自分の思考に向き合う行為』だって、今できる事をやった事になるのよ。何もしてないようだけど、実はわたしたちは、日々できる事やっていて、今したい事をしているのよ。

喉が乾いたから冷蔵庫の前まで歩く、冷蔵庫の扉を開ける、飲み物を取り出す、飲む、そんな単純な事でも今、したい事ができているし。息をしているだけでも今、したい事を達成中。

アンタ「引き寄せの最後のステップが息をする？　なんだそりゃ。拍子抜けしちゃいましたよ」

生きたいから息をし続けているんでしょう？　本気を出せば「息を止める」という選択だってあるのに。今それをしないって事は生きたいから生きている。つまり「生きたい」という願望を絶賛引き寄せ中！

パフパフパフッ。

アンタ「そりゃそうだけど、生きる事を引き寄せるなんて、なんか理屈っぽいし、ごまかされてる気がします。そういうのじゃなくて、今までのどんな引き寄せ本にも書いてなくて、今すぐできる事で、なおかつ、それをやれば欲しいものが早く引き寄せられるような事を知りたいんです。そのための本なんですよね？」

注文が多いわねぇ。山猫軒*からの回し者？

アンタの「とにかくわかりやすい形で、本気（マジ）で引き寄せをしたい気持ち」だけは十分伝わってるから、今すぐ簡単にできる事で、やると引き寄せが容易に起こるようになるゲームを教えてあげるわ。

アンタ「それそれ、そういうの！　あるなら早く教えて下さいよもう～」

（小声で）「すべき事」なんか何もないって事を理解するためには、とりあえず引き寄せ体験をしてもらわないとね。人間って本当やっかいよね～。

＊山猫軒＝文豪宮沢賢治の代表作「注文の多い料理店」の中に登場する西洋料理店。小学校の教科書に載ってたでしょ？忘れた人は是非読んでみて下さい。

Points of Chapter 2

〈引き寄せゲームのルールと心構え〉

◆ 引き寄せはランチに何を食べるか決めるくらいの勢いで気軽にすべし。

◆ ワクワクする事を忘れない。

◆ 常に肯定形で思考すべし。

◆ 「他人＝私」他人の事を思考しても自分が引き寄せる。

◆ 引き寄せは最短ルートで起こる→いつどのように起きるかを考えない事。

〈引き寄せステップ「ハヒフヘホイ」〉

◆ 「ハッキリさせる」何が引き寄せたいのか整理してみよう。

◆ 「ひとまず放置」引き寄せたいものがハッキリしたら一旦忘れてみよう。

◆ 「普段通り過ごす」逸る気持ちを抑えて急に環境を変えようとしない。

◆ 「平然と受け流す」ネガティブ思考は生命維持のために不可欠なもの、ネガテイブ思考に気がついたら平然と受け流そう。

◆ 「本当に欲しいものは何か考える」この願望、嘘かもしれないと疑ってみよ。

◆ 「今できる事をする」「今」この瞬間も引き寄せている事を意識しよう。

Chapter 3
ゲームで引き寄せる

1 お金をあげまくるゲーム

それじゃあ早速「今」できる事をやってみましょう。アンタ随分お金が欲しいみたいだから「お金をあげまくるゲーム」は如何かしら。

アンタ「お金をあげまくる？　なんか怪しいな〜。あげまくるほどないから引き寄せたいって言ってるのに」

はいはい。とにかくアタシの言う通りにやりなさい。

今目の前にいる知らない人でも、知ってる人でも誰でもいいから、その人に今日大金が入る事を想像してみて！　いくらでもいいわよ。

アンタ「え？　大金っていくらですか？　なぜ急に大金をゲットするの？　どうやって？」

うるさいわね〜。ここはいちいち疑問をもたないの！

アンタ「はーい。じゃあ友だちが今日100万円ゲットする事にしようかな」

いいわね。じゃあその子が急に100万円プレゼントされた様子を具体的に想像してみて！

アンタ「すごくビックリしてます。『本当に貰っていいんですか？　ありがとうございます！

ありがとうございます！』って何回も言ってる」

それじゃあ次はその友だちのそばに行って喜んであげて。

アンタ「ばんざーい！　ばんざーい！　ばんざーい！　一緒に万歳三唱してきました」

喜び方が古風ねぇ。じゃあ今ので10ポイントあげます。

もう1人やってみましょう。この本の著者の丸尾ちゃんでやってみましょう。

アンタ「お安い御用です。あ～丸尾さん超喜んで踊り出しました。そしてなぜかコマネチしてる。尻尾をすごい速さで振って！　嬉しそうで何よりですよ、私まで楽しくなってきました」

上手ね～。じゃあ追加で10ポイント。

アンタ「これ、ポイントが貯まったらどうなるんですか？」

お金が入ってくる。

アンタ「えええええ？　人がお金を貰ってるのを想像しただけで？」

そう。

引き寄せパズルの主語は全部『他人＝私』だったでしょ？

他人がお金を貰って喜んでいるのをリアルに想像できたら自分にも同じ事が起こるってわけ。

アンタ「何ポイントでゴールですか？　1回10ポイント貰えるんですよね？」
そんなのアンタが自由に決めればいいのよ。自分で設定すればポイントを貯めるのが楽しくなるわよ。

丸尾ちゃんは通勤電車で機嫌の悪そうなおじさんを見つけて、おじさんが喜んでいる姿を想像してたわよ。このおじさんはこんな風に笑うんだろう？　案外可愛いな、って。あまり笑わなそうな人の方がポイントアップ。設定は自由だけど！

丸尾ちゃんの場合、1000ポイントくらい溜まったら現実に臨時収入が入ったりして、毎朝機嫌の悪そうな人を探してはせっせと（想像の中）でお金をあげてたわね。ニヤけた顔にぎょっとする乗客もいたけど、丸尾ちゃん、そんなのおかまいなしだったわ。

通勤がなくなってからは「ハバナイススティゲーム」や「ナイス安産ゲーム」をやってるみたい。

アンタ「ハバナイススティ？　安産？」

「ハバナイススティゲーム」は観光客らしき人を見たら、楽しい旅行になるように想像して一緒に楽しい気分になってみる。

「ナイス安産ゲーム」は妊婦さんを見つけたら、安産で可愛い赤ちゃんを抱っこしているところを想像して一緒に喜んでみるの。

アンタ「**お金をあげるだけじゃなくて、楽しい旅行になるように願ったり、安産を祈ったりいくらでも応用がきくゲームなんですね！**　ナイス安産ゲームってネーミングセンス皆無ですけど（笑）」

2 嫌いで好きを引き寄せろ！

アンタ「今できる事ってこんなゲーム形式の遊びでもいいんですね。これは簡単だし楽しい。もっとやりたいです！　他にもありますか？」

たっくさんあるわよ～。

次は「嫌いで好きを引き寄せるゲーム！」をやりましょ。

アンタ「嫌いで好き？」

丸尾ちゃんの結婚の馴れ初めってもう話したかしら？

友達の紹介で出会ってから1週間後にプロポーズされてスピード結婚したのよ～。

アンタ「へえ～、知らない人とよく結婚しましたね！　っていうかよくプロポーズされましたね。そんな事ドラマの中だけかと思ってました」

丸尾ちゃんには普通の概念が無いからね（笑）。それが吉と出る事もあるし、凶と出ることもあるけど、まあどっちでもいいのよ。

アンタ「すんごく結婚願望が強くて誰でも良かったんじゃないですか？」

それが丸尾ちゃんは結婚願望はまったくなかったのよ。どちらかというと結婚に縛られないで仕事で成功したいと思ってた。

つまり丸尾ちゃんにとっては一見引き寄せたくないもの（結婚）を引き寄せた事になるわね。でも、好みにピッタリの人が急に現れて、よく知らないまま結婚したけど予想以上に素晴らしい人で結果オーライですごく幸せなんだから。それで大学時代の友だちに結婚報告をしたら「あんなに歯医者嫌いで歯が痛くても歯医者に行くくらいなら我慢する！　って頑なだった丸尾ちゃんが歯医者さんと結婚するとか超うける～」って爆笑されたのよ。

この件があってから、丸尾ちゃんはいつも自分の願望を疑っているの。

アンタ「歯医者を嫌だ嫌だと思いすぎて歯医者を引き寄せちゃった、ということですか？　**それは引き寄せパズルが否定形を理解しないせい？**」

そうそう！　まさにその通り。

それを逆手にとったゲームがこれ。

「嫌いで好きを引き寄せるゲーム」

例えばアタシはイケメンを引き寄せたいんだけど、すご～いイケメンだったら緊張して一緒にごはんを食べるのも緊張して楽しめないかもしれないし、すご～いイケメンだけは嫌だ、嫌だって管理人仲間に言いまくってるわ！

アンタ「思考の管理人も引き寄せるためのテク使うんですね、超うけるｗ」

あったり前でしょ～。

それから丸尾ちゃんは本を出版したかったから、「本なんか出版したくない、したくない」ってわざと言ってたわよ。「有名人はパパラッチされるから、いつもお洒落もメイクもバッチリしなくちゃいけないと思うと超面倒だ～。本の出版だけは勘弁してくれ～」って。本を出版したくらいでパパラッチは来ないわよねぇ（笑）。

アンタ「確かに。でも何だか脳を騙しているみたいでスリリングなゲームですね」

アンタ、なかなか理解が早いじゃない。

そう、ある意味、これは脳を騙すゲームよ。

丸尾ちゃんも昔はそうだったけど、引き寄せ難民は引き寄せる事に必死になるあまり、イメージしたり宣言したりする事を意識的にやりすぎてしまうのよね。放置しろって言ってるのに

ね、んもー。やるなって言っても無意識にやっちゃうなら、せめて効果的にやんなさい、って事で誕生したゲームなの。

例えば丸尾ちゃんの出版の夢「出版ができて嬉しい！」って出版が決まる前から臨場感を持ってワクワクしていたけど、これを頻繁にやっちゃうと「出版したい」思考に執着してしまって「したい」＝「まだできていない状態」の引き寄せを固めてしまう事になるのよ。だから丸尾ちゃんは出版した後のデメリットを敢えてイメージする事で意識をそっちに逸したのね。その時「出版」という引き寄せは手に入って当然という前提で思考しているから「引き寄せたい」＝「まだ引き寄せていない」思考のパズルを下ろさずにすんだって訳。

アンタ「なるほどね〜。でもデメリットについてもイメージした訳だからそれは引き寄せられちゃいますよね？」

そうね。丸尾ちゃんの場合「メイクバッチリでお洒落もしなくちゃいけない状況」が引き寄せられるわよ。その時は「超面倒くせー」とか言いながらやるはずよ。

アンタ「本命の引き寄せを達成するためなら多少のデメリットは我慢できますしね！　まあ、お洒落する事はデメリットでもないと思いますけど（笑）」

早速アンタもやってみたら？

アンタ「え～っと、じゃあえ～っと、広い部屋は掃除が大変だし物が失くなったら探し出すのが大変そうだからすんごい広い家に住むのは嫌だな。それからアラブの石油王に求婚されたら第一夫人とか第二夫人とか色んな人に気を使うのが大変そうだからアラブの石油王だけは嫌です！」

アラブの石油王！　相変わらず大きくでるのね、そんなアンタも好きよ。

ところでアラブってどこの国？　アラブ首長国連邦かしら？

アンタ「多分その辺です」

アンタも丸尾ちゃんに似てきたのか随分適当になってきたわね～。

石油の生産量が一番多い国はサウジアラビアよ、本当にアラブ首長国連邦でいいの？

アンタ「うるさいなぁ！　とにかくすごいお金持ちにプロポーズされるのは絶対嫌なんです～！」

3 「いいねテロリスト」ごっこ

それじゃあ早くアラブの石油王にアンタを見つけてもらうためにピッタリのゲームをやりましょう。

アンタ「何ですか、そのゲーム。ワクワクするぅ」

じゃじゃーん。「いいねテロリストごっこ」

アンタ「さっきから、ゲームのネーミングどうにかならないんですか」

うるさいわね。とりあえず最後まで聞きなさい。その後、アンタの好きなネーミングをつければいいのよ。ゲームなんだから。

このゲームはかなり楽しいのよ。

目に入ったありとあらゆる人に「いいね！」するの。

どお？　今どきでしょう？

例えばテレビを見ている時。イケメン～。ダンディな声～。しっかりとした顎。すべてが素敵だわぁ。さすが、ひろし。

アンタ「しっかりとした顎のひろしって誰ですか？　気になって仕方ない……」

うるさいわね。それも後でゆっくり考えなさい。


アンタ「テレビに出てきた人を片っ端から褒めればいいんですか？　簡単そうだけど、別に楽しそうでもない……」

そこがプロの引き寄せニストとの違いね。

普段だったらスルーしそうな人とか、普段だったら悪口を言っちゃいそうな人を見つけて褒めるのが楽しいのよ～。

（本当はあまり好きじゃないけど）新婚でお幸せそうで何よりね！　とか。

（この人下品だけど）赤が似合ってるわ～。こんなに赤を着こなせる人はなかなかいないわよね～、とか。

アンタ「この人ヅラってわからないくらいヅラの被り方が自然だな～、とか？」

それは褒めているのかしら。わからないくらい自然なはずなのにヅラってバレてるじゃない！

アンタ「普段褒めなさそうな人を見つけ出したら、たまたまヅラだったんです」

わかったわよ（笑）。

これも引き寄せパズルの主語は**『他人＝私』**を利用したゲームなのよ。人の良いところに目を向ければ向けるほどアンタ自身の魅力が増していくんだから。

アンタ「実際にＳＮＳで『いいね！』をたくさんしてもこのゲームのポイントになりますか？」

もちろん、なるなる。「いいねテロリスト」は神出鬼没よ〜。

「いいねテロリズム」は60日くらい続けてみるといいわよ。

同じ事を60日続けられたら習慣になるから、そうなれば無意識に人を褒める癖がついて勝手に引き寄せバブル到来。

丸尾ちゃんもこのゲームを毎日やっているから口癖が「素晴らしいね」になってるわ。

そういえばさっき追い払っちゃったけど丸尾ちゃんは何してるのかしら、丸尾ちゃ〜ん！

丸尾「お呼びでしょうか、ご主人様。っておい、わしがご主人じゃろーが、コノヤロー」

相変わらず元気そうで何よりね。今「いいねテロリストごっこ」をやってるんだけど、丸尾ちゃんはこのゲームを続けて何か変わった？

丸尾「ポイントタマッテ、イイコトアリマシタ、コノゲームガ、ス・キ・タカラー！」

失笑されてるわよ。まだキャラが定まってないのね～。ビリーズブートキャンプの鬼教官→ランプの魔神ジーニー→片言の韓流タレント……次は何でくるのかしら。

この本が終わるまでにキャラを定着させないと2作目から困るわよ。もうアタシは出演してあげないんだから！　ノーギャラだし。キィー。

丸尾「さすがキャサリン、バレちゃった？　キャラをどうするか決めてから本を書き始めれば良かった」

まあ、そのこだわりのなさが丸尾ちゃんの良いところなんだけどね。

丸尾「で、『いいねテロリスト』ごっこをやり続けるとどうなるかって？　**人の良いところに目を向ける癖がつくと、不思議と人を批判したり悪口を言うのが心地悪くなってくるんだよね。**とにかくやってミソ」

そうそう。批判しても自分が高まるわけじゃないしね～。

4 長所発掘ゲーム

アンタ「そういえば丸尾さんは、海外出張ばっかり行ってたんですよね？　語学堪能だなんて素敵ですね！」
丸尾「ゴガクタンノウ？　何それ？　丸尾、英検3級」
アンタ「え！　それで海外生活!?」
丸尾「はあ？　ディスってんの？」
そういえば結婚式で流すスライドの準備をしていた時、小学校の卒業アルバムが出てきて将来の夢の欄に「国際的な仕事につきたい」って書いてあってビックリしたわよね。そんな素晴らしい夢があったのになぜきちんと英語を勉強しなかったのかしら。
丸尾「え……」
まぁ勉強しなかったし資格もないけど結果的に夢が叶って良かったじゃない？
丸尾「夢に描いた記憶がまったくないんだもん。勉強も努力もしていないのは否定しないけど。ワハハ」

アンタ「ワハハって……そんなに能天気な人が簡単に夢を叶えちゃって、真面目に努力するのがバカバカしくなっちゃいますよ」

丸尾ちゃんは自分の願望でさえすぐに忘れちゃうのよ。**「執着せずに放置する」**のがお得意なのよね〜。

丸尾「そもそもガキンチョが生意気に『国際的な仕事につきたい』って絶対嘘だろ！」

小学生の時の夢にイチャモンつけてどうすんのよ！　自分で書いたんでしょ。あれは完全に丸尾ちゃんの筆跡だったわよ。

丸尾「う〜む、もはや自分の思考が信用できぬ。この曲者め、成敗してくれるわ！」

アンタ「丸尾さん、思考と戦い始めちゃいましたよ……」

いつもこうなのよ。さっきも言ったけど丸尾ちゃんは自分の思考をいつも疑ってるのよねぇ。

もし「国際的な仕事につきたい」という願望が嘘だったとしたら本当の願望は何だったのかしらねぇ？　ねぇ、何だと思う、丸尾ちゃん？

丸尾「う〜む、国際的……。元々人が好きな性格だから色んな人と知り合いたいとずっと思って生きているかも」

それで色んな人と知り合う努力はしてる？

丸尾「色んなところに顔を出したり、自分で女子会を作ったり、色んな人と知り合おうとはしてきたかもしれないなぁ、好きだからやってるだけで努力はしてないけど」

やっぱりね。真の願望っていうのは必ず叶うようになってるのよ。それが「引き寄せの法則」なんだから。

引き寄せは忘れた頃にやってくる　by キャサリン・エクストラオーディナリ

アンタ「努力は必要ないんですか？」

さっき丸尾ちゃんが「好きだからやってるだけ」って言ったけどそのエネルギーが傍から見れば「努力」なのよね。本人は努力している自覚はないけどね。嫌な事を我慢して頑張る事を「努力」だと思い込んでいるなら「努力」は必要ない、と言い切れるわよ！

アンタ「努力じゃなく、好きな事をするエネルギーがあれば引き寄せられるんですね！」

そう。これを覚えておけば、必ず引き寄せられる事を信じて無駄に焦らず流れに身を任せられるようになるわよ。

アンタ「しかし英検3級で国際的な仕事につけたのは本当にすごい」
丸尾「え、そこ引っ張る？　ガチでなめてんの？」
丸尾ちゃんは語学力の不足を笑顔力で補ったからね～。笑顔の価値は万国共通だしね。何か叶えたい夢がある時は、夢に直結する事に目を向けるのはもちろんだけど、**自分の長所や得意な事を伸ばす事も忘れないで。引き寄せはアンタの長所が運んでくるのよ。**

そうだそうだ、丁度いいゲームがあったじゃない。
「長所発掘ゲーム」
今から10秒あげるから自分の長所をより多く言えた方が勝ちよ。それじゃあアンタから。スタート！

【自分の長所を10秒間でできるだけ思い浮かべて下さい】

はい、次は丸尾ちゃんの番。スタート！
丸尾「眩しい笑顔、ハイヒールで速く走れる、ブラインドタッチ、いつでもどこでもいくらでも寝れる、大雑把、甘い物が別腹、ふざけられる、生きている！」
はい、そこまで〜。丸尾ちゃんの圧勝ね。
アンタ「いやいや。ツッコミどころ満載すぎますよ。大雑把って明らかに短所でしょ？　ポイントに加算しないで下さい」
丸尾「は？　大雑把は立派な長所。ねぇ審判？」
そうね。適当ってことだもの、それは長所。
アンタ「いやいや、適当は短所でしょ！」
適当って事は細かい事は気にしないって事よ。自分のミスにも他人のミスにも寛容。
丸尾「そうだ、そうだ！　丸尾はミスに寛容なんだ！　だから失敗して落ち込んでもすぐに立ち直る」
アンタ「うう……そう言われると長所のような気もしてきた……って事は短所と長所は表裏一体？」
そうよ！　アンタの短所は実は長所でもあるのよ。つまりアンタのすべてが長所にもなり得るわけ。
丸尾「生きてるだけで素っ晴らしい〜、フォー」

5 唱えよ！　イマイマの呪文

アンタ「短所は長所にもなるから、結局私たちって長所だらけ～。生きてるだけで素っ晴らし～。フォー！……って丸尾さんはいつもこのテンションで生きてるんですか？　ってあれいない!?」

急に「いい事思いついた！」とか言いながら帰って行ったわよ。

アンタ「自由だな～。いい事って何なんだろう？　気になる～」

ラインスタンプのアイデアを思いついたとか、アイスを食べるとかそんな事よ。口癖なのよ。

アンタ「『いい事思いついた！』が口癖だといい事ばっかり起こりそうですね」

いい事も起きるけど、たくさん失敗もしてるわよ。アンタが想像する3倍くらいはね。大雑把だし。衝動に任せて行動するし。

アンタ「そんなに失敗ばかりしたら自信を失くして落ち込まないんでしょうか」

落ち込んでるわよ。３分位は。

丸尾ちゃんは失敗を悪い事だと捉えないからね。物事をジャッジしない訓練の賜物よ。

とはいえ1人で生きているわけじゃないから失敗すると人に迷惑をかけたり、怒られる場合もあるし、たまにはテンションも下がってるわ。そんな時は『**イマイマの呪文**』を唱えて乗り越えてるの。あんまり落ち込んでいるから、あたしがとっておきのテクニックを教えてあげたのよ。

アンタ「イマイマの呪文？　何ですかその魔法みたいなの」

落ち込むことがあったり、不安に苛まれたりネガテイブな感情に捕われた時に意識を「今」に戻す呪文よ。いつでも唱えられて効果抜群。

『唱えよ！　イマイマの呪文。イマイマイマイマイマイマイマイマイマイマ』

アンタ「……」

あれ？　思った以上にリアクションが薄いのはどうして？　せっかくとっておきの呪文を伝授したのに。

アンタ「なんかふざけているようにしか見えない……」

これがふざけているように見えて本当に効くのよ。

感情は思考の反映なの。ネガティブな思考は過去に学習・蓄積してきた情報を元に未来を案

じるが故に起こるわけ。

つまり気分がネガティブになっている時、思考は今ではなく過去か未来にぶっ飛んじゃっているのよ。思考を今に戻せば自然とネガティブな感情も消えていくわ。

ユーミンの名曲「やさしさに包まれたなら」（作詞・作曲　荒井由実（現・松任谷由実））は知っているわよね？　「魔女の宅急便」のテーマ曲よ。最初の1フレーズだけで「引き寄せの法則」のすべてを表現していると言っても過言ではない素晴らしい歌なのよ。

「小さい頃は神様がいて 不思議に夢をかなえてくれた」

幼少期はただ目の前にあるもの「今」が世界のすべてで、ただ好きな事に夢中になって遊んでいたでしょ？

成長していく過程で他人と比較し優劣を学び、失敗を学び、叱られる恐怖を学び、損得勘定を学び、より良い未来のためにこうしようああしようって考えて行動する癖がつくわよね。そしてたくさんの経験値を引っさげて大人になると、実際に行動しなくても結果が予測できてしまう。無意識のうちに行動に制限がかかるのは大人になった証拠でもあるけど、失敗が減る代わりに受け取れる引き寄せも減ってしまっている。

アンタ「引き寄せたいなら子供のように目の前にある今やりたい事を手当たり次第やればいいのか！　でもそれじゃあ社会で通用しないでしょう。衝動だけで行動してたら非常識な大人になっちゃって結果人生がうまくいかなくなるでしょう？」

「社会で通用しない」どっかで聞いたセリフだと思ったら、丸尾ちゃんがＯＬ時代に言われたセリフだわ（笑）。

あの時は丸尾ちゃん「うっせークソババア」って（心の中で）毒づいてたけど、言った方は人生の先輩として良かれと思って言ってくれたのよね。丸尾ちゃんも今ならその愛を理解できるはずよ。

とはいえまさに「衝動だけで行動しがちな非常識な大人」の代表みたいな丸尾ちゃんだけど人生うまくいってないのかしら？

アンタ「何でも引き寄せて幸せそうだし、すごくうまくいってますよね」

非常識な大人になる事を推奨はしないけど、自分の中にある刷りこまれた「常識的で立派な大人」が本当にアンタがなりたい大人なのかどうか、一度疑ってみることね。

ちょっとくらい変な人だと思われてもいいじゃない？

結果、小さい頃みたいに神様が不思議と夢をかなえてくれるようになるんだもの。

そのためにも今すぐ唱えよ、イマイマの呪文!

アンタ「はいっ! イマイマイマイマイマイマイマ……」

6

「自分のための引き寄せゲーム」を作ろう

アンタ「イマイマイマイマイマ……」

ちょっと、アンタまだイマイマの呪文を唱えてるの？　変人だと思われるわよ。

アンタ「ちょっとくらい変な人だと思われてもいいじゃない？　って言いましたよね！」

ずっとイマイマしか言わないなんてちょっとどころかだいぶ変人よ。イマイマの呪文はネガティブな思考に気がついて意識を「今」に戻したい時だけ唱えればいいの！

アンタ「ズッコ！」

ズッコって。そのリアクション、吉本新喜劇でしか見ないわよ、面白い子ね。

リアクションが大きいのは素晴らしい事よ、自分が今何を感じているかわかりやすく相手に伝えるための愛だもの。

真顔で「ありがとう」って呟かれるのと、目をキラキラさせて手もブルブルさせて「わ～ありがとう～♥」って言われるのとは、感じる気持ちも全然違うでしょう？

次は「オーバーリアクションゲーム」をしてみましょう。

アンタ「オーバーリアクションゲーム？」

独り言でも人と話をしている時でも意識的に今までよりオーバーリアクションをしてみるの。

あまりやりすぎるとわざとらしすぎて心配されるかもしれないから、いい塩梅でよ。

『わぁ～、いいお天気～！』とか『すごーい！』『美味しい～！』とか意識的にいつもより食い気味にリアクションしてみて。

アンタ「オッケー牧場～！」

そう来たか（笑）。何でも素直に興味を持ってやってみる姿勢が素晴らしいわ。

さすがプロの引き寄せニスト候補生。ここで一句。


引き寄せの始めの一歩は素直さよ　by キャサリン・エクストラオーディナリ

アンタ「季語ないんかーい！」
よっ、ナイスリアクション！

ここまで色々なゲームをやってきたけど丸尾ちゃんが考案したものもあるのよ。

アンタ「え！　引き寄せるためのゲームって自分で作ってもいいんですか？」

もちろんよ〜。ゲームを考案したら、その取り組みを続けて何日くらいで人生が好転してきたと実感できるか、夏休みの自由研究みたいに観察してみるの。

アンタ「へぇ、面白そうですね。ちなみに丸尾さんはどんな引き寄せゲームを考案したんですか？」

「いい事思いついた！」って言いながらもう数えきれないくらい作ってるわよ。

途中で実証をサボっているのもあるけどね。

例えば「柔軟性をつけるともっと引き寄せやすくなるのか？　ゲーム！」

丸尾ちゃんってすごく身体が硬いのね。心の柔軟性と身体の柔軟性ってリンクしていそうな気がするから、身体が柔らかくなったら引き寄せももっと柔軟にできるようになるのか実証してみたいんだって。

考案してから2週間くらいは毎日ストレッチしていたけど最近はやってるところを見てないわ（笑）。まあ、こだわらないのが丸尾ちゃんの良いところなんだけどね。

アンタ「柔軟性……。柔軟性と引き寄せの関係性なんて考えた事なかったなぁ。ちょっと面白いですね。他には、他には？」

「いい事」をやり終えてる頃だから丸尾ちゃんを呼んでどのゲームに効果があったか聞いてみましょうか。

丸尾ちゃ～ん！

7 「与えるゲーム」と「変なあだ名ゲーム」

丸尾「呼ばれて飛び出てジャジャジャジャーン」
相変わらずのオーアバーリアクションでの登場ありがとう。いい事終わった？
丸尾「いい事って何の話？」
さっき「いい事思いついた！」って言ってたじゃない!?
丸尾「え、そんな事言った？　覚えてない」
アンタ「え？　覚えてないんですか？」
それが丸尾ちゃんなのよ。
ところで、今までどんな引き寄せゲームを考案したかこの子に教えてあげて頂戴～。
丸尾「ラジャー！　鉄板はやっぱ『与えるゲーム』でしょ」
『与えるゲーム』ね。このゲームは自分には人に与えるだけの余裕があると認識するのにピッタリのゲームよ。

実際に誰かに何かをあげてみる。

「お金をあげまくるゲーム」は妄想の中であげてたけど、今度は現実世界で本当に何かをあげるのよ。

何でもいいんだけど与えるのに抵抗があるもの何かある？

アンタ「う～ん、やっぱりお金？」

じゃあお金を誰かに与えてみましょう。

アンタ「誰かって言ってもね～」

どこかに寄付してみたら？　圧倒的にお金持ちの多いユダヤ人は収入の1割を寄付する習慣があるのよ。

アンタ「収入の1割も？　それは、お金があるから寄付する余裕があるんでしょう？」

余裕がないの？　10円を寄付する余裕もない？

アンタ「そりゃ、10円くらいなら……」

ほら、お金を人に与えるだけの余裕があるじゃない！

アンタ「確かに……コンビニのレジの前に置いてある募金箱に10円を寄付してみようかな。これでゲームクリア？　60日続けてみるんだっけ？　10円なら出来そう」

そう。ずっと続けると習慣になるし、息を吸うのと同じくらい寄付する事が当たり前になったら、その時はもう二度とお金に困らなくなっているわよ。ヨロコビー。

アンタ「10円の寄付の積み重ねでお金に困らない生活を引き寄せられる？　丸尾さんもこのゲームをずっと続けてるんですか？」

丸尾「イエス、アイキャン」

丸尾ちゃん、このゲームを始めた当初は今のアンタと同じで、これで自分にもお金が引き寄せられるようになればいいな！　って気持ちもあったけど、今では今月も寄付をさせて頂けて有り難いって感謝まで出来るようになったわよね。

丸尾「イエス、アイキャン」

アンタ「寄付した方が感謝か。私もありがとうございますって言いながら寄付してみよう」

丸尾「お前、すんげえ従順だな。そういえば名前聞いてなかったけど従順なジュンジュンって呼ぶ事にするわ。どお？　どお？」

アンタ「どお？　って……勝手に変なあだ名付けないで下さいよ」

変なあだ名と言えば、丸尾ちゃんお気に入りの「変なあだ名ゲーム」があったじゃない！

丸尾「そやそや。丸尾みたいに根がネガティブ人間で気をつけていないとすぐに鬱々しちゃいがちな人向けのゲームやで」

アンタ「根っからのネガティブ？　スーパーお気楽人間でしょう？　ねぇキャサリン？」

ちょっと待ったー！　今から大事な事を言うわよ。

人間にはネガティブ人間もお気楽人間もいないのよ。人間はただの人間、同じ！　以上。

アンタ「だって、今、丸尾さんがネガティブだって……」

それは、丸尾ちゃんがネガティブな人間なわけではなく、ネガティブな思考の取り扱い方を知らなかったからネガティブ思考に引っ張られっぱなしだっただけなのよ。

今は7年間少しずつ訓練した成果が出て、傍からみたらなんの悩みもないように見えるけど、実際は7年前も今もネガティブな思考の量も質も変わってはいないのよ。

Chapter 2でも言ったでしょ？　人間の思考の7割はネガティブな思考だって。人間はそういう生物。ネガティブな思考をどう料理するか調理法を知っているかどうかの違いだけね。

ゴーヤはそのまま食べたらただの苦いウリよ。同じ素材なのに料理をしたら美味しいチャンプルーになるでしょう？

引き寄せゲームは調味料のようなものね。適切な調味料を使って上手に料理する事を覚えればネガティブ思考も人生に輝きをもたらすものになる。丸尾ちゃんは料理上手になったのよねぇ。

丸尾「え、ギック。料理超苦手……。今日はキャベツのポタージュを作ってみたんだけど、わざわざ良い素材を買ってきたのにまったく味のないスープが出来上がってびっくりした！あまりのまずさについたあだ名が『高級食材スナイパーマルオ37』どんな高級食材もマルオに狙われたら最期、その旨味は撃破される。パーン」

アンタ「ゴルゴ31みたいに格好良く言わないで下さい。さては37は年齢だな、どおりでこの本には昭和っぽいものが頻繁に登場するわけですね」

丸尾「丸尾の事は嫌いでも昭和と引き寄せは嫌いにならないでくださいー（泣）」

あ、丸尾ちゃん、どこ行くの？　しょうがないわね～。

8 『でも』でデモっちゃうゲーム

まぁ引き寄せゲームも全部やらなきゃなんて気負わず、自分が好きだと思えるものから少しずつやってみなさい。色々やりすぎるとどれが功を奏しているかわからなくなるのよね、美容マニアと同じで。

いずれにしてもゲームは無限にあるから全部やろうと思ってもできないわよ。

アンタ「そんなにいっぱいあるんですか？　もっと教えてください」

ホント、アンタって欲深ね～。求めよ、さらば与えられん！

言葉を使ったゲームなら「ありがとうテロリストゲーム」はどう？　原理は「いいねテロリストゲーム」と同じね。意識的にありがとうって言うだけよ。

言霊のパワーは馬鹿にできないからね。

アンタ「言霊のパワー……。丸尾さんの言葉使いはアリなんでしょうか。なめてんの！　とか言ってましたけど」

アタシも注意はしているのよ。子供が真似するからやめなさいって。

ただ文言そのものよりもその言葉にどんな感情を宿すかの方がずっと大事よ。

さっきも言ったけどぶっきらぼうに「ありがとう」って言われるのと「ありがとう～♥」って言われるのって全然違うでしょ。「バカヤロ～♥」だって愛がこもれば素敵な言葉になるのさ。

アンタ「じゃあ『いいねテロリストゲーム』や『ありがとうテロリストゲーム』は感情なしでやみくもにやっても意味がないって事でしょうか？」

うーん、そうとも言い切れないわね。

だって褒められたりお礼を言われて嬉しくない人はいないでしょ？　とりあえず他人に与える事ができる。それを習慣化すれば、自然と言葉が出てくるようになって、自分の言葉で相手が喜ぶと、やっぱり嬉しいでしょ？

日本語には尊敬語や謙遜語もあって同じ表現でもニュアンスを変える事ができるじゃない？せっかくたくさんの言葉の表現を持つ国に生まれたのだからそれを利用しない手はないわよね。

例えば「謙遜しないゲーム」。

日本人は謙虚だから、褒められるととっさに「そんな事ないです」とか「いやいや全然」とか言う癖がついている人が多いのよ。

謙遜も良いけど素直に受け止めて「ありがとうございます」「お陰様で」「お互いに」なんて言うのも素敵よ。せっかく相手が褒めてくれたんだから否定せず、受け止めてみる。

そうすると自然と自分自身を肯定する事がずっと当たり前の事になる。


それから丸尾ちゃんがあみだした「『でも』でデモっちゃうゲーム」。

アンタ「『でも』でデモっちゃうゲーム？　何ですか、それ？」

昔、丸尾ちゃんに、「でも」「だって」「どうせ」みたいな、後からネガティブが続きそうな接続詞を言わないように、って指導した事があるのよ。

丸尾ちゃんは「でもさー」で会話を始めるのが癖なの。

丸尾ちゃん、「『でも』がＮＧワードになったら無口になっちゃうからやらない！」って、このキャサリン様の言うことを無視したのよ。ゲキオコ～！

その代わりに自分で編み出した「『でも』でデモっちゃうゲーム」をやりだしたのよ。

「でも」をたくさん使う丸尾ちゃんならではのゲーム。

「でも」って好きなだけ言ってもいいけど「でも」の後は必ずポジティブな言葉を続けるの。

「でも大丈夫」「でもまだチャンスはある」「でも笑っちゃおう」。

アンタ「なんかいいかも。ネガティブ思考の取り扱い方、ですね！」

まあ、アンタ、理解が早いじゃない！

アンタ「もうダメかもしれない……でも止まない雨はない、こんな感じでしょうか？」

上手い、上手い。終わりよければすべて良し。少しくらいネガティブな発言をしてしまっても、最後をポジティブでひっくり返せばオセロみたいに全部ポジティブになるわ。

アンタ「終わり良ければ……？　それじゃあちょっとしんどい1日を過ごしても寝る前にポジティブになってみる時間を作れば、毎日が素敵な日々にひっくり返りますか？」

マーベラス！　また新しいゲームが誕生したわね！

アンタ「ポジティブオセロゲーム！」

レッツ引き寄せ〜。

アンタ「私、ガンガン引き寄せられる気がしてきました！　今までの教えを忘れず、プロの引き寄せニストになります！」

Points of Chapter 3

◆ お金をあげまくるゲーム

イメージの中でお金を人にあげて、その人が喜ぶ姿を見て一緒に喜ぶ。他人＝私。

◆ 嫌いで好きを引き寄せろ！

脳は否定形を認識しないので、「好き」でも「嫌い」でも同じように意識を向けているものを引き寄せる。

◆ いいねテロリストごっこ

誰でも目に入った人のいいところを見つけて褒める。60日間続けてみる。無意識に人を褒める癖をつける。

◆ 長所発掘ゲーム

自分の長所を伸ばそう。引き寄せは長所が運んでくる。そして、短所も見方を変えたら長所になる。つまり長所しかないって事。

◆ 唱えよ！　イマイマの呪文

落ち込んだ時の対処法。過去を考えくよくよして未来を考え不安になる。「今」だけに意識を集中すればいい。

◆ 引き寄せゲームを作ろう

自分をこんな風にすれば引き寄せ体質になるかな、と思った事をゲームにする。自分専用の引き寄せ脳体質改善ゲーム。

◆ 「与えるゲーム」と「変なあだ名ゲーム」

実際に何かを与えることで自分がすでに持っていることを自覚する。また、ネガティブ思考の料理の方法を知ることによって、ネガティブな事柄を変換する。

◆ 「でも」でデモっちゃうゲーム

「でも」って言ってもいいけど、その後に必ずポジティブな言葉をつける。

Chapter 4
もうすでに引き寄せている

0 引き寄せの原理へダイブ！

どうしたの？　なんかイマイチ元気ないけど。引き寄せゲームでガンガン引き寄せて楽しい毎日を送ってるはずじゃなかったの？

アンタ「ええ、まあ……引き寄せパズルやゲームを教わって楽しく引き寄せが出来るようにはなったんですが……」

ですが？

アンタ「うまく言えないけど、ただ欲しいもの引き寄せてるだけでは物足りないというか……」

一つ「引き寄せ」ても、まだ「引き寄せ」ていない何かをターゲットに絞り出して、何だか終わりが無い様な感じ？

アンタ「ず、図星です」

さすがアンタね！　それ、次のステップに移るメッセージよ！　いい感じ！

アンタ「メッセージ？」

今までは子供が新しいおもちゃを貰って使い方が解って楽しく遊べるようになっただけ、みたいなものだったのよ。おもちゃに飽きたらまた新しいおもちゃが欲しくなる。ただ楽しむだけの「引き寄せ」はおもちゃと同じで引き寄せれば引き寄せるほど飽きるのも早くなるものよ。でも少し成長した子供ならそのおもちゃがどういう原理で動いているのか、他に使い方があるかもしれないと探るようになるでしょ。「引き寄せ」てるのに何だかモヤモヤする気持ちに気がついたのはアンタが成長した証よ。

どうやら本物のプロの引き寄せニストになる準備が出来たようね。

Chapter 4は、今までと違うわよ。アタシもおふざけなしで真剣にいくから、ついてくるのよ!

1 思考の管理人はスマホで連絡を取り合う

ヤバイわ、すごい量のメッセージ！

アンタ「そのスマホみたいなのは何ですか？」

アタシたち思考の管理人はこれで連絡を取り合っているのよ〜。

今日はカレーが食べたい気分だと思って家に帰ったら、お母さんがカレーを作っていたり、最近会ってない友達が今どうしてるかなぁって思っていた矢先にその子から連絡が来たり、そんな経験あるでしょ？

それは私たち管理人がいつもやりとりをしているからなのよ。

例えばアンタが仕事が忙しくていつも夕飯はコンビニでカップ麺やパンを買って食べているとするじゃない？　コンビニは家の周りに沢山あるはいいけど、夜中まで営業しているお惣菜屋さんが近くにあったらすごくいいのに！　と思った。

そしたらアタシは、

「うちのお姉さんには深夜営業のお惣菜屋が必要！　お肌も曲がり角ぎみだからお野菜多めの

ヘルシーなメニューがたくさんあるお惣菜屋さんをキボンヌ～（希望するって事よ）」と、書き込んで送信。

お、早速連絡がいっぱい来たみたいよ！　どれどれ。

『こちら大手惣菜屋チェーン店経営者Mの管理人です。今年度は出展地域拡大に力を入れるようです』

『こちらよくいるサラリーマンAの管理人。Aは現在脱サラして夢だった惣菜屋をオープンする予定。開業にあたり条件の良い物件を探し中！』

『こちら青年Hの管理人です、彼は料理が大得意で自分の作ったものを美味しく食べてくれる恋人を絶賛募集中！』

こんな風に私達管理人はアンタたちが知らない者同士であろうが、どこに住んでいようが関係なく24時間休みなく情報交換しているわけ。そのお陰でアンタたちの日常に引き寄せ達成のためのヒントが現れやすくなるのよ～。

私たちってみんなの幸せを願っている天使みたいなものなんだから。ウフフ～。

駅前に建設中の大型マンションの1階でテナントを募集しているみたいなんだけど、Mは本当は通るはずだった道が渋滞していたせいで、たまたまマンションの前を通るし、Aは今の職場のすぐ近くの不動産屋でこのテナントを紹介されるし、アンタが入会しようとしてるジムでHはインストラクターをしてるのよ！

多くの可能性が作用してアンタの引き寄せが達成される！　……かもしれないわけ。

アンタ「かもしれない？」

Mはマンションの前を通っても爆睡している可能性もあるし、Aは不動産屋がある事にまだ気がついていないみたいだし、それからアンタはジムへの入会に腰があがらないかも……。

全員がヒントをスルーすれば、このルートでの引き寄せは起こらないって事。

アンタ「引き寄せって、そんなに沢山のルートがあるんですか？」

当たり前じゃない！　ハワイだって、飛行機だけじゃなくてヨットでも豪華客船でも行かれるし、直行便じゃなくて、どっかで乗り換えて寄り道して行ってもいいのよ。

アンタ「確かに…そうですね」

でも、どうやって引き寄せられるかなんて考えちゃダメよ。「引き寄せステップハヒフへホイ」を思い出しなさい。

アンタ「何が欲しいかはっきりしたら、いったん忘れて普通に過ごす……です」

そうよ。オーダーを受けた私たち思考の管理人は、管理人同士で密に連絡を取り合う事で、アンタたち人間が相互に引き寄せを達成し合えるように導いているの。例えばさっきのマンションのオーナー。元々は1階をテナントにするつもりはなかったの。良い立地でお店を開きたいと思っている人の管理人とこのオーナーの管理人がやりとりした結果、1階をテナントにするアイデアが浮かんだって訳。この本だって人生を好転させたい人々や面白い本を世に送り出したい人たちの管理人と、自分の経験を元に人の役に立ちたいと思った丸尾ちゃんの管理人であるアタシが幾度となくやりとりした結果、出版されたのよ。丸尾ちゃんの日常にヒントがちりばめられて、その内の一つに丸尾ちゃんが気がついたからね～。

アンタ「え～ヒントに気がつかないとダメなんですか？」

ノンノンノン。

アンタはヒントに最善のタイミングで気がつくようになっているんだから心配しなくていいの。

ヒント探しに躍起になると、全く関係ない事をヒントだと思い込んで「あれ？　ヒントを見つけたのに引き寄せられない！」ってなるでしょ。

リラックスリラックス〜。

2 引き寄せは最善のタイミングで起こる

アンタ「ところで最善のタイミングの引き寄せって、どのくらいの期間を指すんですか？

この本のサブタイトルにも『秒速で引き寄せ』ってあるけど……」

ちょっと、アンタ、ダメダメね！　届くタイミングの心配しているって事は？

アンタ「……疑っている？」

大当たり！

最近はインターネットで商品を注文したらすぐに手元に届くじゃない。

注文している時に、「もしかして届かないかも？」とか、「万が一配送まで1ヶ月かかったりして？」な～んて疑わないでしょう？

引き寄せたいものだって確実に届くんだから勝手に納期を設定したり、届かない場合もあるかもなんて心配はしなくて大丈夫なのよ。

この本だって最善のタイミングで書かれたのよ。

実は2年くらい前からいずれ本を出版したいなぁと思っていた丸尾ちゃんは、友人との会話の中で「この事は本に書くわ！」ってよく言っていたのよね～。S子がチビばっかり引き寄せる話とかね（笑）。

アンタ「本の出版は2年越しの引き寄せなんですね～」

そうね。2年前でも出版はできたかもしれないけど、今このタイミングで本を書くことが最善なのよ。

物事は最善の状態で現実に引き寄せられる様になっているからね。丸尾ちゃんはその事をよくわかっているから身を委ねたの。

妊娠・出産・子育てをしているうちに、出版の事はすっかり忘れていたんだけど、パパ丸尾が癌で亡くなって数ヶ月、人間の生死について毎日考え続けて……気がついたら目の前に自分の書いた本があったって感じね。

2年前には書けなかった素晴らしい本ができたし、編集者の宮崎さんは、ただ売れる本を探している編集者ではなく、（精神世界の）ガチの人って感じ。

「この人を通して私の本を出版する事に意味があったんだ！」って、丸尾ちゃん大感動してたわよ。

なんでも早ければいいってもんでもないのよ。
ルーを入れる前のカレーを食べても味気ないでしょう？
まさに1日（2年）寝かしたお陰で、最高の味になったカレーを味わえてるってわけ。

アンタ「焦らず身を委ねて最高の状態で引き寄せるんですね」

その通り！　レッツ最高の引き寄せ〜。

3 過去の思考の結果が「今」

アンタ「ふう～」
何、そのため息は？　何かあったの？
アンタ「最善のタイミングで引き寄せる原理はわかったんですが、いつまで満員電車で通勤しなくちゃいけないのかな～って思うとため息が……」
ちょっと、何トウシロウみたいなこと言ってるの？
アンタの思考がきちんと働いた結果「今」のその状態を引き寄せてるのよ。それと同じでアンタが「今」見えているもの、「今」聞こえているもの、「今」置かれている状況、すべての「今」はアンタの思考が引き寄せたの。
アンタ「満員電車に揺られて疲れているおじさん、車掌のアナウンス、通勤している状況とかこれ全部私の思考が引き寄せた『今』ですか」
そうよ。注文した「今」をちゃ～んと届けてくれているってこと。
アンタ「う～ん、そんなの注文した覚えないですよ～」

そうかしら。毎月きちんとお給料が貰えて生活が成り立っている。それはアンタが注文したものじゃないの？　働けているお陰でたまにお洒落をしたり、美味しいものを食べたり、旅行に行ったりできているでしょ？　色々と引き寄せてるじゃないの。

アンタ「そういう楽しい事ばかりじゃなくて、通勤とか残業とか辛い事も同時に引き寄せちゃってますよ。注文してないのに」

そんなに通勤と残業が嫌なら初めから通勤と残業がない仕事を引き寄せれば良かったじゃない！

アンタ「そんな好条件、引き寄せられるものなら引き寄せたいですよ。お勤めには通勤や残業のような犠牲は少なからずセットで付いてくるものですし」

ほらね。『多少の犠牲は仕方がない』という思考がちゃんと注文した通りの「今」を引き寄せてるじゃないの。注文したものはすべて引き寄せているのにわざわざ不満や不足を見つけ出して「引き寄せてない」と思い込んでいるのね。

いい？　ここから大事な事を言うからね。

「まだ引き寄せていない」という思考はいつまでも「まだ引き寄せていない状態」を注文して

いるのと同じ。

アタシたち思考の管理人はアンタの注文通りのものを届けているじゃないの！　さっきも言ったけどアンタは「今」を注文して「今」をバッチリ受けとっているんだから。今を引き寄せているという思考は、「引き寄せている状態」を注文しているのと同じ事。そうすればアンタがまだ引き寄せてないと思っているあれやこれも引き寄せできる。

アンタ「引き寄せてないって思考……確かにそう思っています。その思考が現実になるんですね！」

お、なんか腑に落ちたみたいね。アンタ、表情が変わったわよ。

今、アンタは最善のタイミングで「引き寄せの原理」を引き寄せたのよ！

じゃあ、これからどうするの？

アンタ「私はもうすでに、引き寄せている！」

やったわね！　アンタはもうすでに引き寄せているのよ！

4 引き寄せの真髄

アンタ「引き寄せって真髄に触れれば触れるほど奥が深い気がしてきました」

はあ？　真髄？

甘い甘い。まだまだ序の口よ。アンタに今まで教えた事なんて海苔巻きに例えたら海苔の部分だけよ。

アンタ「それって外側の薄っぺらい部分だけって事？」

そうね。まあでも、残念がる事はないわ。海苔があっての海苔巻きなんだから。

物事は最善のタイミングで起きているから大丈夫。今がアンタにとって「真理」を知る最善のタイミングなのよ。

アンタ「真理……？」

つまり、アンタはこれから、真理を知る事になるのよ。「引き寄せ」は「真理」を知る入り口に過ぎないって事ね。

でもここから先は頭で理解するだけじゃついていけないわよ。大丈夫？

アンタ「ちょっと怖い気もするけど……頑張ります！」

じゃあ真理について考えていきましょう。

何度も言ってるけど、物事は最善の時に起こるのよ。だからアンタが「真理」を知る前に「引き寄せの法則」を学んだ事にもちゃんと意味があるの。引き寄せパズルゲームで最もパワフルなパズルが何だったか覚えてる？

アンタ「はい！『感謝』と『愛』のパズルですよね？　それが多ければ多いほど引き寄せやすくなる」

なぜ『感謝』と『愛』のパズルがあると思い通りに引き寄せられるのかわかる？

アンタ「う～ん、わかりません」

人は「感謝」と「愛」の気持ちで溢れている時が本来の状態だからよ。

本来の状態とは、アンタが本当のアンタを取り戻した状態よ。人が最もその人らしい状態にいる時の頭の中は「感謝」と「愛」のパズルで一杯になるのよ。

ただただ今、目の前にあるものに感謝している状態の時、人は「新たなまだ足りない何か」に意識なんか向けないのよ。

アンタ「本来の状態……本当のワタシ？」
まだ、頭で理解しているようね。感じてみて。「感謝」と「愛」で一杯の状態を。何も不足なく今に感謝している状態よ。
アンタ「(目を閉じて感じている)……」

すべての人の思考の管理人同士が連絡を取り合って引き寄せが起きている話は覚えてるわよね？　アンタが自分一人の力で何かを引き寄せる事なんて不可能なのよ。例えばショートケーキ一つをとっても、ケーキを作る人、お店を経営する人、お店に立ち販売する人、ケーキの材料や道具を作った人、それらを運搬した人……もう数え切れないほど多くの人が携わった結果そのショートケーキは存在する。こんな小さな引き寄せでさえ感謝する項目は数えきれないほどあるのよ。

さっきアンタ「一つ『引き寄せ』ても、まだ『引き寄せ』ていない何かをターゲットに絞り出して、何だか終わりがないような、いつも物足りないような感じがしてる」って言ったわよね。

アンタ「……はい」

それはどれだけ「引き寄せ」ても本来のアンタの状態ではなかったからなのよ。

つまり「感謝」と「愛」で満たされていない状態ね。

アンタ「そう言われると……感謝はしていたつもりですが『引き寄せ』が自分を喜ばせた事にだけに感謝していたような気がします」

「真理」を知る事はアンタが本当のアンタを取り戻していく過程なのよ。

とりあえずここで言う「真理」、本当のアンタは「愛」と「感謝」に溢れた状態だって事は覚えていてね。

5 引き寄せの最終目的

アンタ「早速ですけど本来の私を取り戻すために、思いつく限りに『感謝』と『愛』の気持ちを向けてみようと思います」
悪くないわね。例えば？
アンタ「まずは家族に感謝ですよね、両親がいなければ私は存在していないですから。衣食住は勿論、学ぶ機会も与えて貰って、何より愛情を注がれて私もここまで立派に育ててもらった事に感謝しています」
他には？
アンタ「えっと、じゃあその両親を産んでくれた祖父母にも感謝します。祖父母がいなければ両親はいない訳で……」
他には？
アンタ「えっとその祖父母の両親……これって終わりが見えないですよね」
そうなのよ、すごく重要な事に気がついたんじゃない？　あなたの最初のご先祖様、その方々が自分の子供に命や愛情、生活に必要なありとあらゆるものを与えた。そしてその子供が同じ様に自分の子供に与えて……と何度も与える行為を繰り返した結果、アンタがいるのよね。無償の愛の結晶ね。

アンタ「それは理解できましたけど、いつもすべての人に感謝しようと思ったらすごく大変じゃないですか？　私の生活は家族だけではなく他にも多くの人のお陰で成り立っていますし……」

多くの人って具合的には？

アンタ「恩師や友人、これまで出会った人はもちろんですけど、例えば今、目についた物一つとっても沢山の人の力があって私が手にすることができるんですよね……そもそも自然があるから生きていられるし…あらゆるものに感謝するのはまず無理……」

何言ってるの？　もう既に感謝出来てるじゃない！　**アンタが今ここに存在できているのは万物のお陰だと意識できたら、それだけで「感謝」している事になるのよ。**今までは自分自身も自分の生活もまるで自分だけのものみたいな顔して過ごしてたでしょう？

アンタ「確かに……そこまで意識したことはなかったです」

謙虚でよろしい。そんなアンタに簡単に「感謝」と「愛」のパズルを出す方法を教えてあげるわね。

日常でホッとする瞬間とかこれ好きだなぁ、とか心地いいなあって感じる時ってあるでしょ？

アンタ「ゆっくりお風呂に浸ってる時とか、仕事の合間にコーヒーを飲む時とか、夏の終わりの匂いを感じる時とかなんだかいいなぁって思います」

そうそう、そういう何でもない事。じわ～っと心がホッとする時って幸せを感じているのよ。そしてそんな時は意識していなくたってちゃんと「感謝」と「愛」のパズルは出てる。

アンタ「そうなんですか？　それって普通に日常生活を送ってるだけですよね？」

そうよ。つまり何でもないただの日常生活を大切に過ごせる人には「感謝」と「愛」のパズルが頻繁に放出されているって事。些細な事で喜べたり幸せを感じられる人ほど感謝と愛に溢れているの。そういう人って一緒にいるだけで楽しい気分になってこない？

アンタ「確かに、いつも幸せそうな人って周りも幸せにしますよね」

そういう事！　いい感じよ。アンタの引き寄せの最終目的が見えてきたわね。

アンタ「引き寄せの最終目的？」

それじゃあ質問。

今、アンタの口座には毎月必ず1000万円が振り込まれる生活をしているとするわよ。そこへ、丸尾ちゃんが、「1万円頂戴！」って言ってきたらどうする？

アンタ「毎月必ず1000万円振り込まれるなら、もちろんあげますよ。使いきれずに余ってると思うし」

でしょ？　じゃあ、幸せについても同様に考えてみて。

いつも些細な事にも幸せを感じることができて、いつも幸せな気持ちが有り余っていたら？

ちょっと想像してみて。

アンタ「……人にも与えたくなる？」

最初、アンタは自分が幸せになりたくて色々引き寄せたいと思っていた。そして引き寄せはなんとなくできるようになってきたけど、何か物足りなくてモヤモヤしていた。

アンタ「……なんか少しわかってきました。自分だけが幸せであっても、皆が幸せじゃないと楽しくない……」

つまり？

アンタ「私は人に与える事で幸せになりたい……そう、そうなんです！」

ご名答！
アンタの最終目的は「人に与える事」だって、これではっきりしたわね。
それが分かれば、アンタの「引き寄せ難民認定」は解除よ！

6 愛がなくても引き寄せられる

アンタ「何故だか霧が晴れていくみたいです。実は私は『人に与える』ために幸せになりたいと思っていたなんて。それに気がついたら嬉しい気分になってきました。そういえば人へのプレゼントを選ぶのって楽しいですよね」

漂流している時は自分がどこにいてどこに向かっているのかわからないものよね。霧が晴れてやっと人生の航海に出られるのね！　おめでとう～。

丸尾ちゃんにはまだ0歳の赤ちゃんがいるんだけど、おもちゃやおやつを渡すと一旦は受け取るけどすぐに「どうぞ」と返してくるのよ。得る事よりも与える事で快を感じるのは人間の本能なのね。

アンタ「人のために何かしたい本能……それってまさに愛って感じですね」

その通りよ。人のために何かをする時、頭の中に「愛」のパズルが出現しているのよ。つまり本当の自分に戻って心が充足している状態よね。愛そのもの。人は愛そのものの状態で生まれてくるけど、成長の過程で忘れていっちゃうのよ。

アンタ「世の中の人みんなが本当の自分を取戻せたらそれは素晴らしいでしょうけど、それって理想論じゃないですか。だって人を騙したり蹴落としたりして成功して幸せそうな人もたくさんいる気が……」

あらら？　アンタまだそんなものの見方をしているの？　難民認定解除はまだ早かったかしら？

イソップ童話の「アリとキリギリス」は知ってるわよね。

アンタ「アリがコツコツと働いている夏の間、キリギリスは遊んで暮らしていたけど、冬が来たら蓄えがなくて死んじゃうんでしたっけ？」

そんな感じ。キリギリスは働くアリたちを小馬鹿にしていたのよねぇ。

「そんな人生楽しいの？　好きな事ばっかりやって生きた方がいいよ」って働くアリを横目に歌って過ごしていた。

アンタの言う幸せそうな人って、夏の間のキリギリスと同じかもしれないわよ。他人の華やかな一側面だけを見てすべてを理解した気にならない事ね。

そもそも『成功=幸せだ』って発想、それまたゴミ出ししなくっちゃ。幸せに条件を付ける

癖がつくと、『条件がそろっていない自分は幸せではない、不幸せなんだ』と思い込んでしまい、その迷路から抜け出せなくなっちゃうわよ。

そして本来「幸せ」と感じられる事さえ感じられなくなる。

でも、アンタが疑問に思う気持ちも、わからなくはないわよ。

いい？　Chapter 2の思考パズルのルールを思い出してみて。

アンタ「引き寄せたいものを決めて、それが手に入ったことを想像してワクワクする。肯定形で思考して自分と他人を同じだと思う事」

それから？

アンタ「引き寄せたいものをハッキリさせたら、ひとまず放置して、普段通り過ごす。そして今出来ることを淡々とこなす……ですね」

まあ、そんな感じね。どお？　引き寄せるためのルールには愛とか感謝は絶対条件ではないわよね？　引き寄せの法則なんか知らなくたって、欲しいものを手に入れたいっていう欲望と行動力があれば欲しいものは手に入れることは可能なのよ。しかも、お金とか地位とか目に見える物理的なものほど手に入りやすい。

「感謝」と「愛」のパズルがなくたって、欲しいもののパズルを大量に出して脳内を埋め尽くすのよ。行動して経験値が高まれば自信につながるからまた行動できるでしょ。ところで行動力ってどんなものかご存知？

アンタ「あらためて聞かれると……わかりません」

目的に向かって、どれくらいの量の努力をして、どのくらいの速さで進むか作用したものが行動力ね。そして、行動するためには動機＝きっかけが必要なの。

慣性の法則って習ったわよね？　止まっている物体は外力が加わらない限り、止まったままでしょ？　外力とは動機の事よ。

アンタ「つまり……愛を与えていない人でも何らかの動機により行動力が備われば引き寄せができるって事ですか」

その通り。引き寄せの法則は、どんな人にでも平等に作用する絶対的な法則なのよ！

7 愛か恐れ、本当に引き寄せられるのはどっち？

アンタ「確かに誰にでも平等に作用するから『法則』なんですよね。愛の有無を条件付けしたら平等ではなくなる……」

いいわね。だんだん、思考がクリアになってきたわね。

じゃあ、ここでアンタの疑問に答えるとっておきの真理を教えるわよ。ちょっと深い話になるけど、今のアンタなら十分ついてこられると思うから、心して聞くように。

アンタ「は、はい。わかりました」

人の行動の動機は愛か恐れかの2種類なの。引き寄せも同じよ。

結果が同じように見えても、愛が動機で引き寄せるのと、恐れが動機で引き寄せるのとでは全然違うわよ。

子供の頃にものすごく貧乏で、そのせいで人にバカにされたり、仲間外れにされた辛い経験があるとするじゃない？　意地悪をした奴らを絶対に見返してやろう！　という強い気持ちで望む未来を引き寄せる事ができる。その場合の引き寄せの動機はなんだと思う？

アンタ「恐れ？　でも見返してやろうっていう気持ちのどこに恐れがあるんだろう？」

この人の強い気持ちの源は「バカにされたくない」という恐れからきているのよ。

同じ状況でも「家族を楽にさせてあげたい」という愛が動機で望む未来を引き寄せる事だってできるのよ。どちらでも目に見える結果は同じ。

アンタ「ん？　目に見える結果は同じ。……ということは、もしかして目に見えない動機が違うとか？」

その通りよ。よく気がついたわね。

人は「感謝」と「愛」の気持ちで溢れている時が本来の状態なの。さっきアンタが意識を「感謝」に向けてみた時、万物の愛があって今ここにアンタが存在できている事に気がついたでしょう？

それは実を言うとアンタたちは本当はそもそもみんなで一つだからなのよ。敢えて言うなら一つの「愛」のエネルギーね。

だけどアンタたち人間はその「愛」のエネルギーから分離して、独立した個人として存在していると思い込んでいる。人は本当の自分から離れてしまった（と思い込んでいる）せいで欠乏感を感じるのよ。

その欠乏感を埋めるものをいつも探している。

幸せになるにはどうすればいいか模索している状態ね。本当は分離していないから既に完璧な状態で、幸せは内にあるのに。まさに童話の青い鳥よ。

愛が動機で引き寄せた人、恐れが動機で引き寄せた人、どちらでも同じだけの幸せを引き寄せているように見えるはず。でも実際は大きく違うのよ。

愛が動機で思考・行動する時、人は真理にたどり着いている（思い出せている）

＝ただ一つの愛のエネルギーの中にいる状態。

恐れが動機で引き寄せている場合は真理にたどり着けていない（思い出せていない）

＝無意識にいつまでも真理を求めて外を探し続ける。外を探しても永遠に見つからない事に気が付かずにね。どれだけ引き寄せても心の中は「もっともっと」と

満たされない。どれだけ水を飲んでも喉の乾きが癒せないのよ。

アンタ「どれだけ水を飲んでも喉が乾くなんて想像するだけで辛そう。いつその枯渇感から解放されるんですか？」

真理を思い出した時。アンタも他人事の様に聞いているけど「こうなれば幸せになれるはず」なんて思い込みがまだあるんじゃない？

アンタ「もう少しお金があれば、もっと自分の時間が持てたら……ありますね」

本当の幸せは「今」にしかないし、条件も無いのよ。

アンタ「あ！　こうなれば幸せっていう条件を付けるのは、そうならないと幸せにはなれないかもしれないっていう恐れが動機？」

ビンゴ！　アンタ、すごいわよ。やっぱり成長してるわね～。

まさに！　条件付きの幸せは恐れが動機。

アンタ「幸せに条件を付けない様にするにはどうすればいいですか？」

「今」に意識を集中することよ。

幸せに条件付けしている時、人はまだ見ぬ未来に意識が飛んでしまっているでしょ。今、目の前に引き寄せている状況の中にじわ～っと幸せを感じられる何かがあるはずよ。

アンタ「また『今』なんですね、それってとても大事なキーワードなんだ」

すべては……

アンタ「最善の時に起こる。そうなる時にそうなる！」

（キャサリン、泣きながらアンタを抱きしめる）

アンタ「痛い！　痛いですって。この怪力具合い、キャサリンってやっぱり男性だったんですね」

もう、意地悪で愛が無いわねえ！

アンタ「そういえばさっきのアリとキリギリスの話。キリギリスがもし愛が動機で好きな事をしていたなら結果が変わったのではないですか？」

ふんふん。例えばキリギリスはアリたちが楽しく働ける様に得意な歌で楽しませていたとか？

アンタ「もしそうならキリギリスはアリたちに感謝されて『狭いですけど食物もたんまりあるんで是非冬の間くつろいで！』ってもてなされるかもしれませんね」

「狭いですけど」って（笑）。アンタ想像力もどんどん豊かになってるわね。

それってめちゃくちゃ大事な事なのよ、かなりいい感じね。
アタシが思ってる以上に早くプロの引き寄せニストになれそうだわ！　もう少しね！
レッツ引き寄せ～！

8 「自分の意志」なんてない

アンタ「想像力といえば、正直、この本を手に取った時にこんなに『愛』ってワードがあふれている本だなんて全く想像していませんでした」

すべては1分の狂いもなくアンタが想像した通りにアンタの現実に現れているのよ。

アンタ「1分の狂いもなく……実感がわきません」

アンタが実感しようがしまいが、関係ないの。これ、マジ、絶対的な真実、真理なのよ。すべてはアンタの想像通り。

アンタ「そう言われても……。もしそうなら人生に悲しい事や辛い事は起きていないはずじゃないですか」

はず？　ほらほら、思い込んでいる時に出る言葉ね。

いい？　目に見える現象にとらわれず、思い込みの枠を飛び越えて、それこそ想像力を働かせて聞いて頂戴。

アンタがアンタ自身を「個」に捉えて聞いているから解りにくいのかもしれないわね。

アンタ「『個』に捉えている……？」

この世界は、すべては「愛」という一つのエネルギーで成り立っているのよ。

人類だけではなく動植物も鉱物もあらゆるもの、見えないものもすべてで一つ。

アンタ「見えないもの……」

そもそもアンタだって目に見えないものが集まった状態なのよ。約60兆個の細胞で出来ているアンタの肉体。その細胞は原子から、原子は素粒子から……最後は目に見えないでしょう？　目に見えなければアンタと空間の境目も無いわよね。アンタだけではなく他のものにもどこにも境目はないのよ。当たり前よね。本当はすべてでたった一つなんですもの。

それ（愛・すべて・本体《ほんたい》）には意志があって、小さなアンタという細胞を通して体験している。それがアンタが自分の人生だと思い込んでいるものね。

アンタ「自分の人生だと思い込んでいる?!」

例えば、アンタはピアノが弾けるとするわね。両手の10本の指と、ペダルを踏む足を動かしているのは誰かしら？

アンタ「……私です」

そうよね、アンタの意志でピアノは奏でられているはずよね。それが実はアンタの右手のそれぞれの指は自分の意志でピアノを弾いていると思い込んでいるとしたら？

アンタ「この指が？　自分の意志で動いていると思い込んでいる？　なんだか可愛いですね、そんなわけないのに。指は私の意志がなければ無力ですもん」

でしょ？　ということは、アンタも「それ」から見たら無力な存在って事ね。

アンタ「私が自分の意志で行動している……と思い込んでいるけど本当は本体の意志という事ですか？　でも私にはちゃんと意志がありますよ。今だって自分の意志でこの本を読んでる」

と思い込んでいる。ピアノを弾く指のように。

アンタ「私だと思いこんでいた私……じゃあ私は誰？」

アンタは本体の一部つまり愛の一部なのよ！

本体である「愛」はちっぽけな細胞であるアンタにアンタ自身も「愛」の一部だといつだって思い出してほしいの。そのためには辛い事や悲しい事も体験する必要がある。すべてアンタ自身が「愛」だと思い出すためのものなのよ。

「楽しい事だけ体験したい」はアンタの指が自分の意志があると思い込んで、あがいているようなものよ。

命あるものは、いつかは必ず死ぬ。地球だっていずれは消滅する。それはどうにも出来ないわよね？　アンタの指に意志が宿り、勝手に動き出して何かを作り始めたり、もしくは何かを壊したり、右手の指が左手の指を傷つけたりする事を想像してみなさいよ。

指に意志があって、アンタを無視して勝手な行動を取れば大変な事になってしまいそうだけど、アンタの指は敵ではないでしょう？　とても大事な自分の一部よね。それと同じで本体にとってアンタはとても大事な本体の一部なの。とても大切に想われている。だって本体は愛そのものだもの。だから信頼して身を委ねていいのよ。それはアンタが自分の意志を失う事ではないから恐れなくて大丈夫。

元々アンタは意志なんてないんだから。ないものは失えないしね。

アンタ「キャサリン……ちょっと待って。なんだか、めまいが……」

委ねるのよ！　今アンタが気絶するのだって必要な事なんだから！

9 みんな影響し合っている

ちょっと、いつまで寝てるのよ！　あまりにショッキングな真理を聞いたから気絶してたかと思ったら、気持ちよさそうにイビキなんてかいて！

アンタ「あ～よく寝ました。寝てる間にすごく整理された気がします。私は愛の一部で、今それを知るのも本体の意志だったんですね！　ところでそれと引き寄せには何の関係が？」

いい質問ね。ここに大量の氷があるのを想像してみて。この大きな氷はアンタ。他の氷は他者。全部の氷をお風呂場に入れるとどうなる？

アンタ「水になります」

そうね。個体から液体に変わって見え方は違っていても、アンタという氷が溶けた分の水がバスタブの中には存在している事はわかるわね？　アンタという氷が溶けた水の分がエネルギーを発してどんどん温度が上がっていったらお風呂場の水はどうなると思う？

アンタ「温度が上がる？」

そうね。

それと同様に他者の氷の温度が変われればアンタの温度も変化する。みんなで一つという事は、アンタの言動・思考・感情のすべてが他者（もちろん全人類）に影響するって事。逆もまた然り。地球の裏側に住んでいる知らないおじさんが今日1日不機嫌だった影響は間接的にアンタにも作用するの。みんな気が付かなくてもお互いに影響しあっているのよ。

アンタが愛のエネルギーを発すればすべての他者に影響を与える。アンタと他者は一つだから、アンタが発した愛のエネルギーはアンタ自身が受け取るって事よ。

アンタ「だから常に感謝と愛で自分を満たしておくんですね」

それが「真理」が伝えたい「引き寄せの法則」なのよ！

「真理」や「引き寄せの法則の真髄」に触れて、さぁこれからどうする？

「真理」である「愛」はアンタにたくさんの体験をしてほしくて、アンタが制限なく想像してその通りの人生を歩む自由を与えてくれているのよ。

アンタ「制限なく想像して人生を歩む自由……そんな事本当に可能なんですか？」

そうよ、心に描いた想像はアンタの現実にちゃんと現れているのよ。

よく考えてみて。アンタの周りのあらゆる物、たとえばボールペン、テレビ、エアコン、携帯電話……すべては誰かが心に描いた想像から生まれたのよ。たった数十年前に今みたいなスマホの存在を信じられたと思う？

瞬きしている間に思い描いた事が目の前に現れなかったからって、人が想像する事を止めていたら世の中は原始時代のままだったわね。それくらい想像する力は強力なの。

少なくともアンタの信じる「現実に起こりうる想像可能な範囲」の事は何だって引き寄せられるわね。

まぁ、アンタが想像可能な事なんて海全体から見た雨粒一滴にも全然満たないくらい小さい範囲だけど。

アンタ「引き寄せの法則は、真理がくれた私たちへの愛……なのかも？」

ホントにアンタ、成長したわね！

さあ、あと少しよ。

10 人間万事塞翁が馬

アンタ「海の水を全部あげるって言われているのに水滴1滴分も要らないと断っていた様なものだったとは……謙虚すぎたんですね、私」
謙虚とは言わないわよ、それは。単なる無知！
アンタ「これからは楽しい事も、苦しい事もすべては愛の体験だと思って、真理に身を委ねて生きていけそうな気がしています」
おおお、何だか丸尾ちゃんと話しているような気分だわ。
そういえば丸尾ちゃんったら最近も失敗ばかり。赤ちゃんの使用済みオムツを洗濯機に回しちゃって衣類をジェルだらけにしたり（しかも2日連続）、預かったばかりの義父の実印を紛失したり、ネットショップを始めてみたけど全然売れなくて大赤字。素晴らしい想像力の賜物よね。
アンタ「丸尾さんの辞書には成功も失敗もないのかも……どんな状況でも幸せなんでしょうね」

「人間万事塞翁が馬」っていう諺があるでしょ？

老人が飼っていた値打ちのある馬が逃げ出してしまったの。近所の人が老人を気の毒に思って慰めたんだけど、老人は「この事が幸いを呼ぶかもしらんじゃろ～が！」と強気な態度。それから数日後、逃げた馬が良い馬仲間をたくさん連れて帰ってきたのよ。

アンタ「それは良かったですね！」

それが老人的には「バカモン！　これが災いを呼ぶかもしれんじゃろ～が！」とご立腹のご様子。老人が言った通り、老人の息子がその馬から落ちて怪我をしてしまうの。それで老人は何て言ったと思う？

アンタ「普通は悲しむところだけど天の邪鬼だから、その逆で喜んだんですか？」

正解！　一見悲しい出来事だけど幸いを招くかもしれないと老人が言った通り、お陰で息子は兵役を逃れる事ができて家族は幸せに暮らしましたとさ、っていうお話よ。

一見悪い出来事が幸運のきっかけとなるかもしれないし、その逆もあるから起きる出来事に一喜一憂せずに過ごしなさい～って事よ。

アンタ「確かにこれまでの人生を振り返ってみると、その時は辛かったのにあの出来事があるから今の自分の幸せがあるって思える事はありますね。それも私が愛そのものだと思い出すための真理の意志だと思えば納得がいきます、今は」

すごい成長ね。

この先も辛い事が起きたらあるがままを受け止めて、泣きたければ気の済むまで泣けばいいのよ。泣きながらこの諺を思い出して「あ、この出来事が幸運を運んでくるに違いないな」と思えたらもうその時は次の幸運（良い事だと思い込んでいる事）を引き寄せている。

アンタ「泣きたい時は思い切り泣いて、楽しい時は笑う。でも状況を善悪で判断しない。そういう事ですね」

ブラボー！

11 キャサリンの正体

アンタ「キャサリンと出会った頃は、非日常的な事を引き寄せれば幸せになれると思い込んでたんですよね。でも今は、なんだかすごく軽やかな気分です。今思うとあの頃の私の頭の中って無駄な思考で埋め尽くされてたんですね」

やっと気がついてくれた～？　あんなゴミ屋敷状態にならないようにするのにはまめにお掃除する事が大事よ。人間ってすぐ忘れちゃう生き物だし、これまで慣れ親しんできた思考の習慣を急に変えるのはなかなか難しいけどね。

アンタ「無駄な思考のパズルが出てきたら、これからもキャサリンが捨ててくれるんですよね？」

え、無理。だってアタシは丸尾ちゃんの思考の管理人だもの。

アンタ「あ、そうか……。まさかもう丸尾さんのところに帰るなんて言わないですよね？もう少し私のところにいてもらえませんか？」

アンタ、アタシの事が好きになってきたんでしょう？　うふふ。素敵なオファーだけどそれは無理よ。だって私は丸尾ちゃんの思考を客観的にみて管理している丸尾ちゃんの思考そのものなんだから。
アンタ「丸尾さんの思考そのもの？　キャサリンは思考だったの？」
ザッツライト。
アンタ「思考を思考が管理……。それって自分の思考を『俯瞰』している思考って事ですか？」
さすが、我が教え子。プロの引き寄せニスト検定試験もこれでバッチリね。
アンタ「プロの引き寄せニスト検定試験？　そんなの初耳ですよ。不安だなぁ」
謎の声「『不安だなぁ』と思い込んでいる思考がおまっせ」
アンタ「誰!?　怖い怖い怖い」
謎の声「『怖い怖い怖い』と思い込んでいる思考がおまっせ」
アンタ「え……まさか」
そのまさかね～。仲良くしなさいよ～。
アンタ「私の思考の管理人？……なぜ、関西弁？」
知らないわよ（笑）、そんなの！

アタシがいなくなってもこれから先はアンタの思考の管理人にちゃんと思考の管理をさせるのよ。さっきアンタが言った通り、思考の管理人はいつもアンタの思考を俯瞰して客観的にみるの。人は何か出来事が起きると過去の記憶を元に瞬時に「良し悪し」の評価をして、悪い事が起きたと思い込むと今度は起こりもしない未来を案じて不安になったりする。

アンタ「本当は『今』しかないし、出来事は『真理』の意志で起きていて、それ自体に良いも悪いもないんですね。でも頭で理解していても何か起きると、とっさにイラッとしちゃったりする」

そりゃそうよ。仙人じゃないんだから。それに、イラッとしても別に良くも悪くもないのよ。単なる事実。それにこだわると変な思考に巻き込まれるからね。日々是精進。まぁ気楽にね。

アンタ「そっか、焦らず『今』に集中！　イマイマイマイマ……」

そうそう。イマイマの呪文、覚えていてくれて嬉しいわ。もしこの先ネガティブな感情に流されそうになったらいつでも思考の管理人を呼び出して思考の思い込みに気が付いてね。それから迷ったら基本に戻るのよ。引き寄せパズルゲームはハヒフヘホイのステップで楽しくね。寝る前は歯を磨くのよ。お腹を冷やさない様にね。それからそれから……」

アンタ「キャ……サリン……。消えちゃった。まだ色々教えてほしい事があったし、もっとおしゃべりしたかったのに……。あ、私、なんで泣いてるの？　キャサリン無しでは生きていけないよ～。戻ってきてよ～」

謎の声「『キャサリン無しでは生きていけない』と思い込んでいる思考がおまっせ」

アンタ「あ！　……もう、変な関西弁！」

Points of Chapter 4

- ◆ 当たり前にあるものに目を向けてみよう。
- ◆ たくさん引き寄せて幸せをお裾分けしよう。
- ◆ 会ったことがない人同士でもエネルギー（言動・思考・感情）は影響しあっている事を意識してみよう。
- ◆ 願望は自分が思っているよりずっと小さい事に気がつこう。
- ◆ 会ったことがない人同士でもエネルギー（言動・思考・感情）は影響しあっている事を意識してみよう。
- ◆ 自分にとって悪い出来事が起きても、幸せを受け取るためのただの通過点だと思って善悪の思考に巻き込まれないようにしよう。
- ◆ 引き寄せは、地味な幸せの延長線上にある。
- ◆ 引き寄せは、自分が愛そのものだったと思い出すためのもの。
- ◆ 小さな愛を与えることで引き寄せの本当の目的は達成される。

プロの引き寄せニスト検定試験

問1　引き寄せを開始するのに最適なタイミングは次のうちどれか答えよ。

a. 週末
b. 月末
c. 今
d. 辛い事が起きた時

問2　引き寄せは次のうちどの状態で行うのが効果的か答えよ。

a. 空腹の状態
b. リラックスした状態
c. どうしてもあいつに負けたくなくてやる気に満ちた状態
d. どうしてもあいつが忘れられなくて枕が涙で濡れた状態

問3　「引き寄せパズルゲーム」思考のパズルは1日に何個下りてくるか答えよ。

a. 約2400個
b. 約10000個
c. 約60000個
d. 自分で調整できる

問4　引き寄せたい思考のパズルが消えないようにするにはどうすべきか答えよ。

a. まるでそれを「今」引き寄せたかのようにワクワクする
b. まるで世界が自分のものになったあのように天狗になる
c. まるでネガティブ思考とは無縁かのように常にハイテンションで過ごす
d. 引き寄せたいことを5分置きに考えるようにする

問5　これから引き寄せたい事を記載せよ。（複数解答可）

問6　問5で解答した事柄を引き寄せた場合、他人にどのようなメリットがあるか具体的に答えよ。

問7　引き寄せたい事がハッキリしたら、その後はどのように過ごすのが効果的か答えよ。

a. 一人で黙々と瞑想をする

b. 疲労回復のために温泉旅行に出かける

c. ひとまず放置する

d. 引きこもる

問8　ネガティブな感情が沸いてきた場合どう対処すれば良いか答えよ。

a. ネガティブ思考に打ち勝つべく、気合を入れる

b. とことんネガティブになり最悪な状況を覚悟する

c．自分より冴えない人を見つけて安心する
d．平然と受け流す

問９　他人のために「今」すぐにできる事を最低一つ挙げよ。

問10　問９で答えた事を実際に、今すぐに実行し、感想を述べよ。

問11　引き寄せパズルゲームの中で最強のパズルは『愛』ともう一つは何のパズルか答えよ。

a．野心

b. 執着心
c. 感謝
d. 過去の栄光

問12　何でも思い通りに引き寄せるために、まず理解しておくべき事は何か答えよ。

a. 引き寄せは現実に作用する法則なので現実的でいた方が良い
b. 幸せは既に自分の中にある
c. どんなに成功している人にも平等にネガティブ思考のパズルは出現している
d. 地味で小さな幸せを積み重ねる事が引き寄せの基本である

問13　あなたが既に幸せである理由をできるだけ多く述べよ。

番外編　未来のアンタへ

お久しぶり～。元気～？

何だか呼ばれている気がしたから来てみたの。あれからどうしてた？

アンタ「お陰様で気がついたら想像した通りにどんどん引き寄せができるようになったんですけど……」

けど……？　引き寄せてるのにどうして浮かない顔なのよ。

アンタ「う～ん。何でも引き寄せられるともちろん嬉しいんですけど、その感情が長くは続かなくて。また新しい何かを引き寄せてもまた同じ」

やっぱりね。アンタ、大事な事をまるごとスッカリ忘れたわね。

「引き寄せ」の最終目的は何だったけ？

アンタ「あ……。人に与える事でした」

「引き寄せ」たらその幸せを他人に与えるんだったでしょう？「引き寄せ」は手段であって最終目的ではないのよ。そういえばアンタの思考の管理人はどこ行った？

アンタ「あ……変な関西弁だから無視してたら、聞こえなくなった……」
オーマイガ！　それでアンタの管理人、いつもヒマそうにしてたのね。
アンタ「キャサリン～、この空しい気持ち、どうにかして下さい～」
いい？　もう一度「真理」について思い出してみなさい。
アンタ「真理……。私たちはすべてで一つの愛のエネルギー。そうか、そうでした。私も愛のエネルギーで出来ている。だから何か引き寄せたいという動機も最終目的も愛なのに、それを忘れて自分の願いを次々と引き寄せる事ばかり考えていました」
「理想の仕事」「豊かな生活」「自由な暮らし」「愛される自分」……どんなに引き寄せて理想の毎日を手に入れたつもりになっても、そこに感謝の気持ちと他人に与える愛の気持ちがなければ何も引き寄せていないのと同じ事よ。アンタ、プロの引き寄せニストになれたからって調子こいてたのね。

アドレナリンが出る幸せばかりを外に追い求めて、「真理」をすっかり忘れてしまったから物足りなさを感じるのよ。まあ、それでもいいのよ。また思い出せば。そしてまた忘れるかもしれないけどまた思い出す。その繰り返しの経験も「真理」の意志よ。あるがままに身を委ねなさい。

アンタ「今度こそ愛を動機に引き寄せて、引き寄せた後は幸せを人に与えます。絶対に忘れないように腕にタトゥー入れたいくらいです」

あらまあ、意気込んでるわね～。意気込んじゃダメ、リラックス！　って一番最初に会った時に言ったのに。これもまた見事に忘れてる。仕方が無いわね、人間だもの。

そんな忘れん坊のアンタには特別に究極の「引き寄せ」方法を教えてあげるわ！

アンタ「なになに、知りたい。教えてください」

それは……『引き寄せの事は忘れなさい』

アンタ「えええええ！　もう引き寄せるなって事ですか」

違う違う、最後まで聞きなさいよ。

引き寄せは「真理」を思い出すただの手段なのよ。一番大事な事はアンタ自信が「愛」そのものであると言う事。そこに意識をフォーカスできれば勝手に「引き寄せ」もついてくるのよ。

身近な人、些細な事、何でもない日常を愛して感謝する。小さな至福を積み重ね感じられる人には、もれなく特別な幸せもどんどん訪れるのよ。

アンタ「そういえば真理を思い出した頃は何でもない地味な事にも幸せを感じられていたのに、私、思い通りに引き寄せると浮かれちゃって、それからはもっともっと外に新しい何かを求めてしまっていました」

特別な幸せね。まあ、それも大事よね、人間だもの。

アンタ「小さな至福感を感じられれば、いつの間にか特別な幸せもついてくる……」

その通りよ。思い通りに引き寄せられなくても、何かを成し遂げられなくても、無条件で感じられる幸せ。今目の前にある小さな至福感を感じる事ができれば今度こそ本当にすべてを引き寄せられるようになるのよ。

アンタ「家族が仲良く暮らせている事とか、ランチに好きなものを選んで食べれる事とか……そういう地味な事ですよね。身近にありすぎて見落としがちなんですよね」

よく解ってるじゃない。「引き寄せ」は地味の繰り返しなのよ。

「人に与える」だって同じよ。「人に与えるゲーム」をやった時、収入の一割は抵抗があったけど10円を募金箱に入れる事は簡単にできたでしょ？

最初から高い目標を設定せずとも「人に与える＝愛」はできるのよ。

アンタ「『最近どう？』って声をかけるとか。目が合った時に微笑む。『ありがとう』と言う。素敵なところを褒める。話を聞く。ただそばにいる。人のために祈る……」

忘れっぽいけど、さすがプロの引き寄せニストね。大事な事はちゃんとアンタの中にあった。アンタ「もしかしてまた忘れちゃうかもしれないけど、忘れてもまた思い出すよね。私は愛そのもの。ありがとうキャサリン。また会う日まで」

あとがき

プロテスト合格おめでとうございます！

またこの本を引き寄せ、読んで頂き、ありがとうございました。

まず初めに私がこの本を書いたきっかけについてお話させて下さい。

私は２０１７年の７月に初めて我が子を出産し、その半年後に大好きだった父を亡くしました。

私が実家に帰るたびに大好物のアイスを買ってきてくれたり、マッサージをしてくれていたほど元気だった父。しかしある時、身体の不調で病院を訪れると末期癌が身体中に転移しており、余命３ヶ月の宣告を受け、あれよあれよという間に２ヶ月余りで天国へと旅立ってしまいました。71歳という若さでした。

それからは父の死の実感が沸かないまま、人の生死とはなんだろうと考える日々が続きました。想像をした事もなかった父の死が突然訪れた。もしかすると自分自身の死も思ってもみない時に訪れるかもしれない。私たちは何のために生まれてきたのか。自分が死ぬ瞬間、何を思うんだろう？　パパはどこにいるんだろう？

色々と考えているうちに「この世に生きる肉体を持った魂も、亡くなった魂もすべて一つなんだ!」という思いが心に降りてきました。つまり私の魂と父の魂は個々ではなく一つのもの。そして今この本を読んでくださっているあなたの魂も含めて、すべては一つだと心で感じたのです。

あなたの喜びは私の喜びであり父の喜びに繋がる。

この時、私の中で「引き寄せの法則」の謎が解けた気がしました。

私は引き寄せの法則に出会う前までは、自分の好きな事が何かも忘れて何となく流されて生きていました。人生に迷い、もがき、努力しても報われずパッとしない。自分の思う人生を歩めていない事だけはわかっていてモヤモヤする日々。

しかし偶然に手にとった一冊の本をきっかけに「引き寄せの法」を知り私の人生は見違えるほどの変化を遂げ、気がつくと夢に描いていた生活を手に入れて、日々私らしく過ごせるようになっていたのです。

「引き寄せの法則」と出会ってから父が亡くなるまでの7年間私はあらゆる種類のいわゆる幸せな出来事を引き寄せましたが「また引き寄せちゃった、ラッキー☆」くらいに捉え、無意識にまた新たな「引き寄せ」の標的を探し求めました。父の死後「引き寄せの法則」は本書に何度も書かせて頂いた「真理」を思い出すための通過点（手段）でしかなかった事がはたと腑に落ち、それからは「与える事」こそが真の「引き寄せ」なのだと今では理解しています。

「メグちゃんはとても優しい子で、雨の日に人に傘を貸して自分はずぶ濡れで帰ってくるような子供だったのよ」

これは実家に帰るたびに母から聞かされる私の武勇伝（？）です。

思えば私のこれまで引き寄せてきたいわゆる幸せな出来事、そのほとんどが「人を楽しませたい」とか「人を喜ばせたい」という動機から願い、現実化されていた事にこの本の執筆中に気が付きました。

私は意識しない間に「真理」を思い出していたのでしょうか。たくさん引き寄せられたから「真理」を思い出せたのか、「真理」を思い出したから引き寄せられたのか、今となっては「卵が先か鶏が先か」なのですが、「真理」を思い出す事こそが「引き寄せ」の目的であり、また「引き寄せ」の超ショートカットである事だけは私の経験上断言する事ができます。自分自身のためだけに発するエネルギーなどちっぽけなものです。すべて（他人と自分）は一つだと理解し、すべてのために願い、行動する。すべてから返ってくるエネルギーが計り知れない事は想像に難くないと思います。

以上を踏まえて最も効率よく「引き寄せる」方法を本書に書かせて頂きました。

皆様の実りある「引き寄せ」ライフのお役に立てれば何よりの喜びです。

引き寄せの法則は引力の法則と同様にすべての人に作用する絶対的な法則です。

万物は目に見えない程ミクロの粒子でできており、その粒子は振動していて（波動）同じ波動のもの同士が引き合うというものです。これまで多くの方がこの法則について物理学（量子力学）や心理学の観点からも掘り下げた本を書いてこられました。

理科が大の苦手で「波動」なんて聞くだけで耳が閉じてしまう私。そんな私でも上手に引き寄せができる様になったのは、本を通じて引き寄せの法則について教えて下さった方々がいらっしゃったからです。特に水谷友紀子さんの著書は難しい事が苦手な私にもわかるように引き寄せの法則について書かれており、人生の選択に迷った時にはいつでも水谷先生の本に助けられてきました。今回の出版に際しても温かいお言葉を頂き、水谷先生に改めてお礼を申し上げます。

また、出版に至るチャンスを与えて下さった「企画のたまご屋さん」理事の森久保美樹さん、私以上に原稿に真剣に向き合って下さった「青山ライフ出版」の宮崎克子さん、このお二人無くして本書が世にでる事はありませんでした、心より感謝致します。

最後に思考の管理人を通じて私を出版まで導いてくれた今これを読んでいるあなたに改めて「ありがとう!」。

この本がきっかけとなり、あなたの輝きが益々素晴らしいものになる事を信じています。

愛を込めて　丸尾愛

【参考図書　出版年度順】

『ザ・シークレット』ロンダ・バーン、山川紘矢訳・山川亜希子訳・佐野美代子訳、２００７年、KADOKAWA
『誰でも「引き寄せ」に成功するシンプルな法則』水谷友紀子、２０１１年、講談社
『淡々と生きる』小林生観、２０１２年、風雲舎
『「ご機嫌」でいれば、「奇跡」がついてくる！』水谷友紀子、２０１５年、講談社
『「私」という夢から覚めて、わたしを生きる』中野真作、２０１６年、SIBAA BOOKS
『日本一役に立つ！　龍の授業』小野寺S一貴、２０１８年、東邦出版
『だから、あなたの「幸せ」は苦しい。』竹久友理子、２０１８年、Amazon Services International, Inc.

Profile

丸尾　愛

Megumi Maruo

1981 年生まれ。東京都在住。

2011 年に「引き寄せの法則」と出会い日常生活で実践。海外出張ばかりの部署へ異動となり「国際的な仕事につきたい」という子供の頃の夢を引き寄せる。その後、友人の紹介で知り合った歯科医師から出会って 1 週間後にプロポーズを受けスピード結婚。翌年女児をスピード出産。趣味で始めたラインスタンプの制作で収入が OL 時代の倍以上になる…等「引き寄せマインド」により様々な引き寄せを起こしている。

2019 年よりライフコーチとして活動開始。

https://www.megmaruo.com

え?! まだ必死で引き寄せてるの?

"逆転"の発想で確実に秒速で引き寄せる

著　者　丸尾　愛
発行日　2019年2月16日
発行者　高橋　範夫
発行所　SIBAA BOOKS（青山ライフ出版株式会社）
〒108-0014　東京都港区芝5-13-11 第2二葉ビル401
TEL 03-6683-8252　FAX 03-6683-8270
http://aoyamalife.co.jp　info@aoyamalife.co.jp
発売元　株式会社星雲社
〒112-0005　東京都文京区水道1-3-30
TEL 03-3868-3275　FAX 03-3868-6588

イラスト　Ai Terasaki　装幀／本文デザイン　植野まりも
印刷／製本　創栄図書印刷株式会社

 ISBN978-4-434-25627-1